改变，从心开始

立 品 图 书 · 自觉 · 觉他
www.tobebooks.net
出 品

一管笔

活出中国人的精神

王林海 著

北京日报报业集团
同心出版社

不复古人一笔

不复自己一笔

饮水思源

落叶归根

出版者言

今天，有越来越多的中国人对学习传统文化有热情，而且自上而下开始讨论“文化自信”和“文化自觉”，这是一件人类文明发展史上的大事。诚如作者在书中所言，宋灭入元，中国人文的精神开始衰败以至今日，七百年来中国文化的慧命可谓“命若悬丝”。在过去的百年，我们全面向西方学习，赶英超美，在物质文明建设和经济发展方面取得了举世瞩目的成就，但中国人的精神还没有真正地复苏。中国文化的重建事业任重而道远，但可喜的是序幕已经徐徐拉开。

中国文化的复兴，不仅关系到中国社会未来健康的、可持续的发展，而且将为人类整体的和谐发展做出不可替代的贡献。千里之行，始于足下，中国文化的核心是生命践行之道，中国文化的伟大复兴，从我们每个人的生命自觉开始。

这部书稿经历了前后五年的孕育，不仅要感谢作者王林海先生的无私付出，还要感谢许多热心朋友的参与和贡献，他们分别是李晓红、张凌、秦山、曾伟、刘艳、杨传筠、薛宏凯、刘玉平、张百华、兰玉华、成劼、钱鹏宇、叶国伟。特别要感谢的是书中所有图片的摄影者杨春薇老师，她以一位琴道传承人的精微的感受力，为我们展现了如此传神的画面，与作者的文字琴瑟相合，相得益彰。

自序

艺术是活出来的

受家庭影响，我从小喜欢涂涂画画，这个习惯一直保留至今，从未间断。就是因为有了这么一点点对书画的爱，使生命中有了一台永不停息的发动机，在生命行进成长的过程中碰到过许多次生不得、死不得的险境，险些要了命。现在回想还真的应该感谢我的这一点爱，人生若没有了爱，想想都后怕。

有了这点对书画的爱，在人生道路上便会遇到有关于书画的老师，是老师找你呢，还是你找老师呢？回想起来并不是太清晰。我有幸遇见的老师大多都深爱着传统文化。我的青少年时代正逢“文革”后期，在那个年代有人学书画老师会很高兴的，他们不仅会毫无保留地传授给你他们的所知和所能，同时，还会把你视为他们的孩子一般，以至于把你当成知音。这该算是我的福气，很幸运。

八十年代初，改革开放刚刚开始，受人点拨我去了山东曲阜跟随陈我鸿先生学艺，这是我第一位磕头拜师的先生。陈老师是一位性情中人，他在生活中放浪形骸，不修边幅，在艺术中则是位一往情深、勇猛精进的善知识。我在老师身边待了三年，修持的主课是临摹古人的书画文本；其二就是出去云游听老师谈天说地，生大情怀。如果说我现在有了一些对中国艺术的见识，那应该归功于陈老师的启蒙。后来由陈老师推荐我去了杭州拜朱豹卿先生为师，朱老师是一位博学多闻、心性耿直的人，在生活中恬淡虚无，非常低调；在艺术中是一位“楖栗横担不顾人，直入千峰万峰去”的志士。记得与老师第一次见面，拿了一批画作的照片给他看。这些照片的内容有两路，一路是所谓变法新画，探索在宣纸上的各种可能性的现代国画；另一路是学习古人的习作。先生漫不经心地、像发扑克牌一样看完这些照片，没说话，只问了有关陈老师近况的一些事。一个下午我坐在朱老师办公室，不知所措，不知道老师能否收下我这个学生。下班后，我跟在老师屁股后面，一直走了好远，先生突然开口问：你是要学习传统呢，还是要学习现代呢？我一愣，急忙回答：传统的。就这样老师收下了我这个学生。后来老师给我讲课，手里拿着一支笔，点点画画，开始了我学习“传统笔墨精神”的历程。一支笔、一点墨层层地被拨进去，又一层层地演化开来，这支笔就像电影的放映镜头，展示出中国文化源远流长的艺术长卷。我在老师身边待了三年就来了北京，当时觉得自己已承接了老师所传“一点万法齐备”的书道法脉，时隔二十多年，现在回想起来觉得很好笑，我不仅没有承接到法脉，说句实在话，连对法脉的净信都没有。

我的两位老师都待我如子，非常爱我，他们生前除了传授给我中国笔墨精神以外，很少要求我在艺术创作上符合他们的心愿。老师说：“艺术是活出来的，是从生命中长出来的，学不来的。笔墨是通道，要学，没有这个，笔下不能见人。”我到北京后，还是搞我的所谓现代国画，世界各地办展览、卖画，自鸣得意得很。

九六年在欧洲办画展游学，后来去了埃及，那次游学在我生命中引发了一次巨变，可以说改变了我的一生。回忆这段日子很有意思，不妨和大家分享一下。欧洲的自然环境、社会次序、艺术的自由、人心的烂漫和大地上大量的博物馆、宗教建筑，一下子把我给震慑住了。一个没有多少墨水、见识不多的文艺青年，被这一崭新的气象摄受住，那是很自然的事。可是当时却在我心里滋生出一种愤怒，这个愤怒就是觉得自己无知。说实话，在国内对欧洲文明的认知，完全是一种误读，我根本就不知道它的真实面目。后来我带着这种情绪到了埃及，在尼罗河上漫游。有一天，我望着金字塔突然哭了，当时我不知道为什么会哭，只觉得心里很酸楚，也许是伟大文明沦落的苍凉，也许是埃及文化断灭造成的衰相，使我照见了现代中国人精神生活的处境，以及何为中国人的疑问？总之，心中升起了一种伤感和对自己的不满。回国后，在家里睡了几个月的懒觉，人就像泄了气的气球，蔫了。后来强打精神寻访老师朋友，试图从他们那里听到能为我指点迷津的只言片语，可是没有一个人的话语能触发我，给我出路。回到杭州，老师朱豹卿对我说：“人生的道路要靠自己走，谁都帮不了你，你去读无字天书吧！”听老师这么一说，好像心有所悟，马上回北京，拉上一个朋友一起开始云游。出发前心里暗自盘算，如果找不到高人告诉我人生光明的路，我就一直云游下去。

就这样我从九六年始到现在一直过着闲居涵养的日子，在这十五年间我广泛结交天下的明士，参访磕头，从一位艺术爱好者渐渐变成了一位文化爱好者。文化很大，生活中、书本里、天地间好像无处不是，特别是要进入中国传统文化更是让人摸不着头，就好像一个人置身大海之中，分不出东、西、南、北、中了。访师、会友、磕头、灌顶，稀里哗啦，热闹之极，时而心花怒放，时而阴云密布，在中国文化这片海洋里戏游，没有了尽头。生命一天天流逝，每天嘴里还挂着“不做无聊之事，何遣有涯之生”，俨然觉得自己像一位遁世高人。零一年出了画册托友人带给老师看，没想到从朋友那里传过来的话是“十年没进步”。听到这句话，当时我的脸都变了形，整个身心都震颤起来，不知所以了。第二天便拉上朋友驱车南下去见老师。在杭州见到老师，老师并没有说什么，画册的事一字不提，还是老样子，拿起一支笔在纸上说他的老调调“中国笔墨精神”。老师讲完了他该讲的，眼神一聚极为严厉地对着我问：看懂了吗？当时我的心一下子被揪起来了，“看懂了就去做，做到了才叫懂”。然后放下了笔。

一句“做到了才叫懂”，迫使我在山上精勤地下了三年功夫。有一天，笔在自己手下活起来了，正像老师所说的，笔会自己动起来的。心手和畅，笔迹物质感消失了，如烟似雾的笔气墨韵泛出的正是当下的心律与情气。笔墨之为成了人的内心觉知与物象同构的妙用。至此，我真正确信了古圣贤“心物一如”的用心之道。记得当时都惊喜地落泪了，还作文纪念。

得了，下面就得保任住，让这种状态长久不失，然后慢慢地把它扩大到生活里，万事万物中。从尼罗河的触发到老师的棒喝，中国文化的海洋渐渐地在我的心中澄澈了起来，真正感悟到老师说我“十年没进步”那个背后的“意”了。未得法谈何变法！

学习传统文化首先要起信，古人生活在自己的文化圈里面，不需要呼唤信，只要明辨、参入、践行，知其所以然，自觉就行。我们现在人并没有生活在真正意义上的中国文化的土壤里，中国文化本有的清澈已不复存在了。现在中国文化这条河里有许多的支流，现代的、古老的、中国的、外国的等等，就我学习传统文化的过程而言，“起信”是头等大事。不登堂入室，在门外绕来绕去，没有正信的学习态度是没用的。传统文化成了文教，成了知识，不可以的！诚心想学习传统文化，我认为就好比一个人吃饭，饭要一口口吃，要细细咀嚼，还要用心觉受其中滋味。传统文化就好像一个大饭缸，你想一口吃进去，没有这个可能性。一法深入也好，一字悟入也好，要旨在于让人真参实修，走践行一路，落到实处，落到细处。如果不这样，我们拿什么来化育自己的生命呢？中国文化精深的奥秘并不神秘，只在生活日用中。圣贤不是高高在上的神，而是有着与我们同等情气、与我们很亲的人，他们所传的用心之道不仅切实在理，践行之，大家都能做到。

《一管笔》这本小册子是我学习传统文化得利益之后对外言说的笔录，用一管笔去照观中国文化的全景，是老师传授给我的用心之道，他承续的是黄宾虹、潘天寿的用心之道，黄宾虹、潘天寿承续的是他们老师所传授的用心之道，代代相传，未有间断。

中国人“以一管之笔拟太虚之体”，亲证天地人生实相，值得我们现在的人去关注。我作为践行者，把自己的识见说出来，记在这里，希望大家多多指正，互为激励。

王林海 于北京老实书房

2011-11-16

目录

第一章

中国文化的孩童时代

上下五千年，对中国人来说，就是“思接千载，目极八方”。这不是时空概念，而是承接古人的用心。过往的圣贤正是昨天的自己，开天辟地的不是盘古，而是昨天的我们。

第二章

中国人的文化要求

中国人为艺,要求返璞归真,存赤子之心,它告诉我们一切“游于艺”的行为必须回到生命中来，回到那个当下存在的自我，否则便是在说谎、自欺、欺人。

第三章

写字不再只是写字

拿起毛笔，不是为了写一手漂亮的好字，而是要解决人的问题。通过学习书道，修炼书道，变化自己的气质，陶冶自己的性灵。

第四章

从书道到安居之道

我们可以从书道世界里去感受古人的用心、感受我们民族的人文情怀。中国人的建筑也是一点墨化显出来的。我们可以通过书道来变化气质，陶冶性灵，移风易俗，中国建筑同样可以做到这一点。

第五章

说说游学

中国人读万卷书而后行万里路，是要到天地间去读无字天书，“观天文以察时变，观人文以化天下”，把“文化”这两个字在自己的生命里激活，成就自己的生命精神。

附录

第一章

中国文化的孩童时代

我们每个人都来回忆一下童年。童年时代你最喜欢做的事情是什么？

有人喜欢捏泥巴，有人喜欢戏水，有人喜欢乱涂乱刻，有人还喜欢打架。你或许没有想过，正是人小时候干的这些营生产生了所谓的“人类文明”。譬如有人喜欢登高望远，就催生了天文、地理，在登高望远的强烈意愿驱使下，人发明了指南针，甚至登上了月球。而探洞寻秘的热情让人们去探寻、研究，结果就诞生了科学与科技。临水观望，与自然产生了一种深层次的互动，就开始有了宗教、医学。乱涂乱刻的冲动则产生了绘画、文字、篆刻。那些喜欢捏泥堆沙的孩子长大了可能就成了雕塑家和建筑师。就连打架斗殴，也是武术和竞技行为的起源呢。什么是“艺”？这就是！

艺可以无师自通，人生下来就有艺的能力。人通过眼、耳、鼻、舌、身、意六门，经由外在与内在合和，内心产生了感动，进行艺的游戏。今天看来，这些游戏从来没有停止过，只是游戏的形式、手段变了，而人喜欢游戏的本能从来没有改变。

所以中国古人常问：你有破天荒的能力吗？你有没有与生俱来的才华？

才华是学不来的。我们要想认识和发挥自己与生俱来的才华，就必须回到童年，从后天返回先天——而这就意味着重生。

上下五千年，对中国人来说，就是“思接千载，目极八方”。这不是时空概念，而是承接古人的用心。过往的圣贤正是昨天的自己，开天辟地的不是盘古，而是昨天的我们。

五个故事

昨天的我们做过些什么？我们自己曾经有多么伟大呢？

这里选几则中国人耳熟能详的故事，这是我们孩童时代的影像。

如果忘了这个，我们就认不清来时的路，认不清自己的本来面目了。

夸父追日

陶渊明在《读山海经》一诗中称赞“夸父诞宏志，乃与日竞走”。夸父每天向着太阳，大步流星，毫不迟疑，这不就是中国人“吾道一以贯之”的精神么？想想我们欢乐的童年，是不是每个人都是夸父？日日是好日，每天都是灿烂的、鲜活的。活在这个世界上，我们乘愿而来，尽兴而去，没有什么可怕的，生命只在一呼一吸之间。

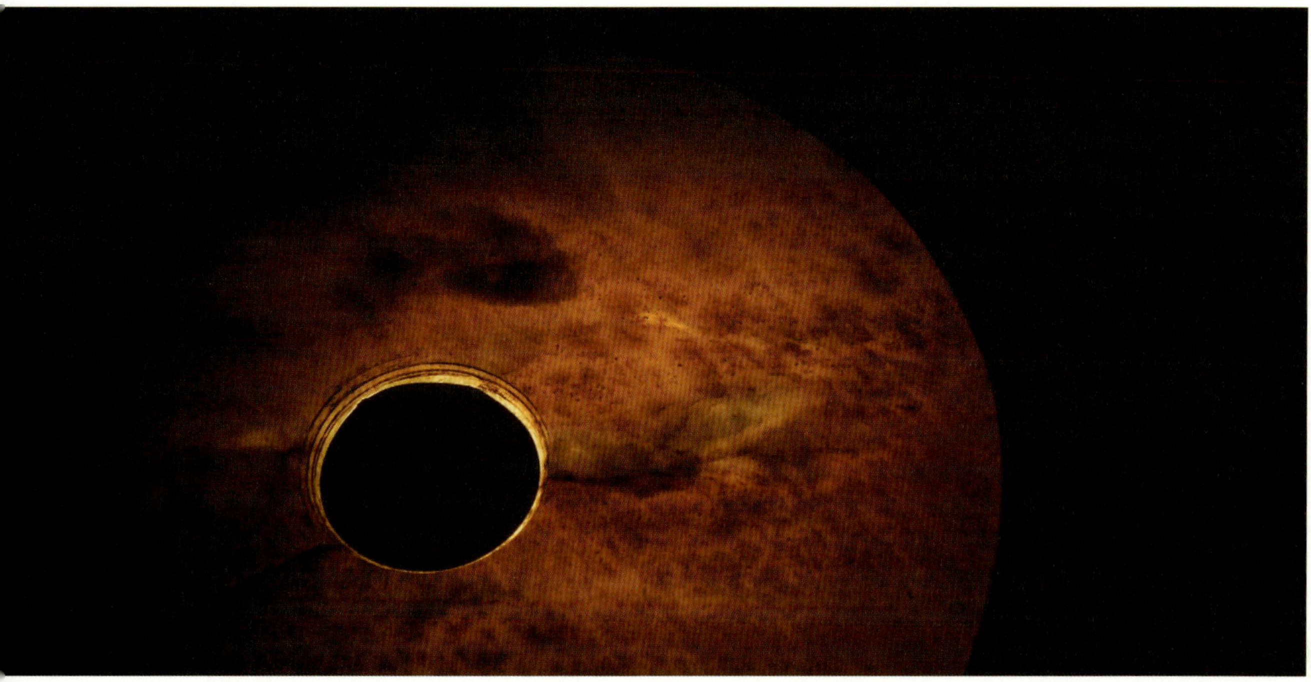

玉璧　新石器时代

“强行者有志”，老子把“志”落在了强行，那什么是强行呢？就是愿力。中国人讲三不朽“立言、立功、立德”，要成就这三不朽就需要有愿力。

古人用一块玉石制成玉璧，用以祭天，这是他们对着天发愿，这个“愿”就是要效仿天地之德，成就天地之心。何谓“天地之心”？就是万物之灵的人自己啊！

玉璧，中空外虚，虚实相生，是中国最早的太极图。古人把变幻莫测的天地之道统摄在这一极尽简约的形式之中，告诉人们要把注意力集中在阴阳二气的作用力上，从而在这里起观，认识自我和天地。

读这块玉璧，要读的是中国人转“变易”为“简易”的文化观，它是中国文明初始的光辉，也是千圣所归之处。

女娲补天

伏羲与女娲是中华民族的始祖。女娲是什么人呢？是补天的人。“为天地立心，为生民立命”是中国文化的大情怀，也就是女娲的精神。“天变不足畏”是大勇力，“苍天补，四极正”是大承担，勇敢体现在承担里。

玉蛙　新石器时代 红山文化

我们在彩陶里、青铜器里都可以看到大量的蛙纹，古人用蛙纹想说明什么呢？是说蛙的生殖力吗？说蛙的活泼可爱吗？这肯定没有错。但是，生殖力不仅仅是传宗接代，作为人，最为重要的是要把“参天地”所证得的智慧种子播撒出去，在人间造一个文明的世界。人之文，就是从蒙昧走向智慧，从黑暗走向光明。

女娲能炼五色石，同样这一块玉蛙也能化育出风情万种、气象万千的心灵。你看这块玉，敦厚朴实，活脱雄强，从这块玉里面我们可以照见古人化生天地情怀的心象。

牛郎织女

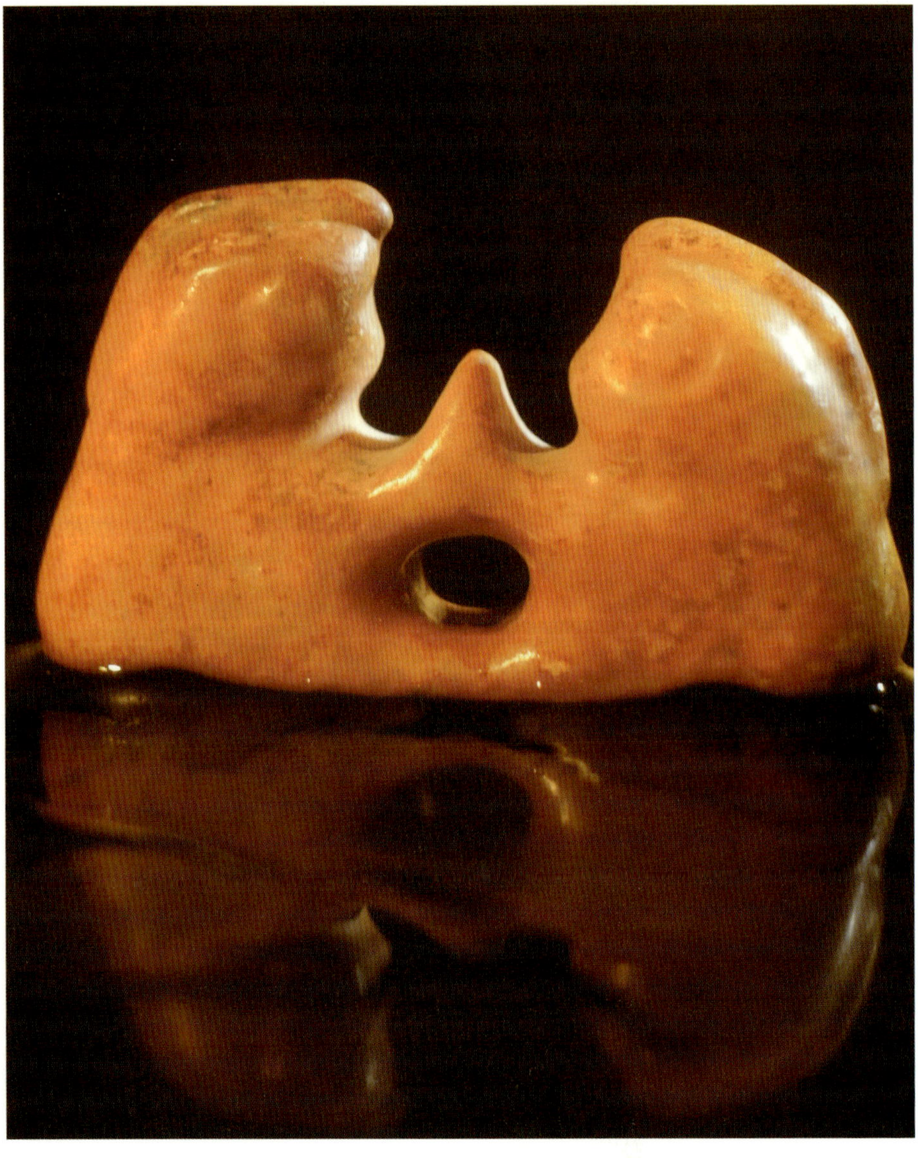

牛郎织女，男欢女爱，这是生命的至美。只有当你敢去爱，忘我地爱，在爱的时候像扔石头一样，不要给石头拴绳子，毫无保留，义无反顾，你才能感受到生命活泼泼的本性，你才能感受到什么是生命的真实。

男人心中不能没有女人，女人生命中也不能没有男人，阴阳合和，这是天底下最阳光、最值得赞叹的事。我们的生命由此而来。

合掌玉雏鸟　新石器时代 红山文化

在中国文化的画卷里，找不到像印度教、伊斯兰教、基督教缔造文明的景观。我们谈文化，谈的是道，谈的是法，谈的是脉，而这三个字所指的去处是一个地方，即人的心地。那么，中国人的心地所要呈显的是什么样的世界呢？很简单，就是故宫太和殿供着的那块匾“正大光明”。“正大光明”是中国文化要化育的人心，也是中国文化要化育的世界。什么是中国人？就是正大光明的人。古人讲：天、地、君、亲、师，如果说中国有宗教的话，那么这个就是。中国文化要求人师法天地，捍卫天良；要求人与国同修，心怀天下；要求人珍惜父精母血赐予你的生命，尊老爱幼；要求人尊师重道，珍惜老师传续给你的文化慧命。天地温养我们，父母含辛茹苦地把我们养大，老师以心传心、以肉传肉、手把手地帮我们把文脉续上，自己老了，要离开深爱着的土地，还要把自己的孩子们托付给这片土地……

何谓“文脉”？就是这一代一代中国人用心贯穿起来的仁爱之线啊。

“爱”的繁体写法是“愛”，即友善的用心，人若没有了爱，就是长江、黄河的源头没有水啊。源头无水，谈何化育。看这块玉，那相依共敬的心不就是个“爱”字吗？！

后羿射日

后羿射日，就是去除障碍、破除迷信。人立于天地之间，敬天敬地，但天大，地大，人亦大，太阳如果胡作非为，我们连太阳都敢射掉！这个故事的深层意涵就是说我们每个人都要当家做主人，不要畏惧权威，不要迷信鬼神，而要成为清明的大写的人。

犬首玉斧　新石器时代 红山文化

这块小玉斧是中国人用来避邪的挂件。中国古人很有意思，敬天敬地是他们始终保有的恭敬心。国家首都的四方设有祭坛，全中国东、西、南、北、中，以五岳为祭坛。我们发明了火药，敢对着天炸，而且要炸出花样来。人死了要放炮，结婚生子要放炮，开张庆典要放炮。孔子说："敬鬼神而远之"，意思是要告诉我们，人要做人事，人要像人一样活着。千年前红山这块犬首玉斧是当时的人用来避邪的，古人避什么邪呢？要避的就是人心不被外力干扰这个"邪"。知易者不卜。我命在我不在天。唐宋期间，中印文化大讨论，中国人敢呵佛骂祖，在求真的道路上绝不妥协。在中国文化发展的进程中，敢把皇帝拉下马，在权威面前不低头，中国人身体里流淌着破除迷信的血，今天人类崇尚的"科学"迷信在不久的将来，一定也会被中国人破除。

嫦娥奔月

嫦娥奔月的故事流露出来的是人与生俱来的好奇心。人因好奇而生遐想，奔向一个未知的世界。没有嫦娥奔月的精神，也许我们民族早就灭亡了。神农尝百草，伏羲制九针，活出的就是嫦娥奔月的精神；中国的四大发明里有嫦娥奔月的精神，中国艺术上天入地，无中生有里有嫦娥奔月的精神，这个精神，就是求真的精神。中国人在现代科技上逊人一筹，但从来不缺乏求真的精神。每个人都在“奔月”，中华民族的人文创造由此而生。

这些美丽的故事像甘露一样，滋养着一代代的中国人，若我们只把它们当作神话传说，当作劳动人民在劳作之余编的闲话，那就太可惜了。这些故事正是我们的生命行迹，是我们童年的真实记录，它显现了我们最原初的文化情怀与生命对待。

玉鹰　新石器时代 红山文化

观这块玉，扑面而来的是一团混元之气，这团气所显出的是王者之象。如果我们把这块玉放大成数万倍立于天安门广场之上，那么我们将照见这么一个现象：广场周围的建筑物会变得很柔弱。气象作为中国艺术境界所提供的内容，它可以穿越古今的时间相，同样它也可以穿越空间的障碍。如果我们把这只鹰和埃及神殿前的鹰以及德意志民族作为精神标志的鹰放在一起，这三件东西会告诉我们不需要在西方文化面前谦卑，直不起腰板，同样，它也会告诉西方人，在中国文化面前要有敬意。

有“爱”的同时还要有“敬”。何谓“敬”？敬就是有一个学习的榜样，在这个榜样面前，知道自己的不足。我们常说“敬天法地”，意思就是说在天地面前，我们要清楚地知道人的局限，在日常生活中要效法天地之德，既要自强不息，又要厚德载物，活出那份自信和宽厚，生命不息，创造不止。所谓“止于至善”说的就是这个道理啊。

人人生来就有的能力

人出生的第一声啼哭便是“艺”。这一声是人的呼求，是人的表达，也是人有感而发的心迹。纵观人类意识发展进程，始终没有背离这原初的精神，如果不回到这一原点，那么我们就会被艺的功能、艺的现象所蒙蔽。脱离生命而谈所谓“艺术”、所谓“文化”，就会陷入到一个人为造作的虚妄世界，进入因果不分的戏论之中。

会飞的中国人

在上古的玉器里，有大量的“玉蝉”挂件，那时候的我们在胸口挂这些干什么呢?

这些挂件流露出来的是一种欲蜕、欲化的生命情性。动物的形象被拆开了，任意组合，而且还装上了羽翼，这一随心的艺术对待渐渐地化生出了羽人的形象。羽人是中国人最早的心性图腾，它是我们在心性中追求羽化、升华的理想象征。中国人的心性世界是可以上天入地，任意翱翔的。

人在活着的时候可以羽化成仙，这对我们而言不是神话，而是可以成为现实的。心有灵犀一点通，能做到“思接千载，目极八方”的人，不就是活神仙么?

玉器集合体　新石器时代 红山文化

中国人向往天地大道，从而要求生命的不断升华，这个升华之道的内涵又可以简称为“用心之道”。在中国人的生命信念里，要把自己化育成一只鲲鹏（鸿鹄之志），而不是一只麻雀（雀跃）。

远观这块玉，一眼望去像一条腾龙，又像一只欲飞的凤；再细观之是一个头顶王冠的羽人。所谓羽人，就是懂得时时化育自己，认肯自己并能时时新的人。作为人，老子心中的境界是“能婴儿乎”；孔子的境界是“从心所欲不逾矩”，这两位圣人生前互为恭敬，互为认肯，孔子生前尊称老子为龙。龙，作为中国文化所要化育的人格，其旨与羽人同。文化的精神在于有化育力，“文化”二字重在“化”字，若无化力，文就成了糟粕。中国文化的魅力在于从纷繁动荡的世界中实证到宇宙生命的实相，并且落实转化成简易的文本（立言）。这文本落于文字，是理（方法论）；落于方法，是法（用心之道）；落于践行，是术（手段）。“古不能复，亦无从复”，所以古人强调为人、为学、为道三学需“师古人之心，不师古人之迹”。以此警句告诫后人，始终要保有生生不已的化育力，中国文化千年“不易”的就是这个化育力，在人类文明迷失了方向的当今时代，中国文化的化育力必将产生大作用。

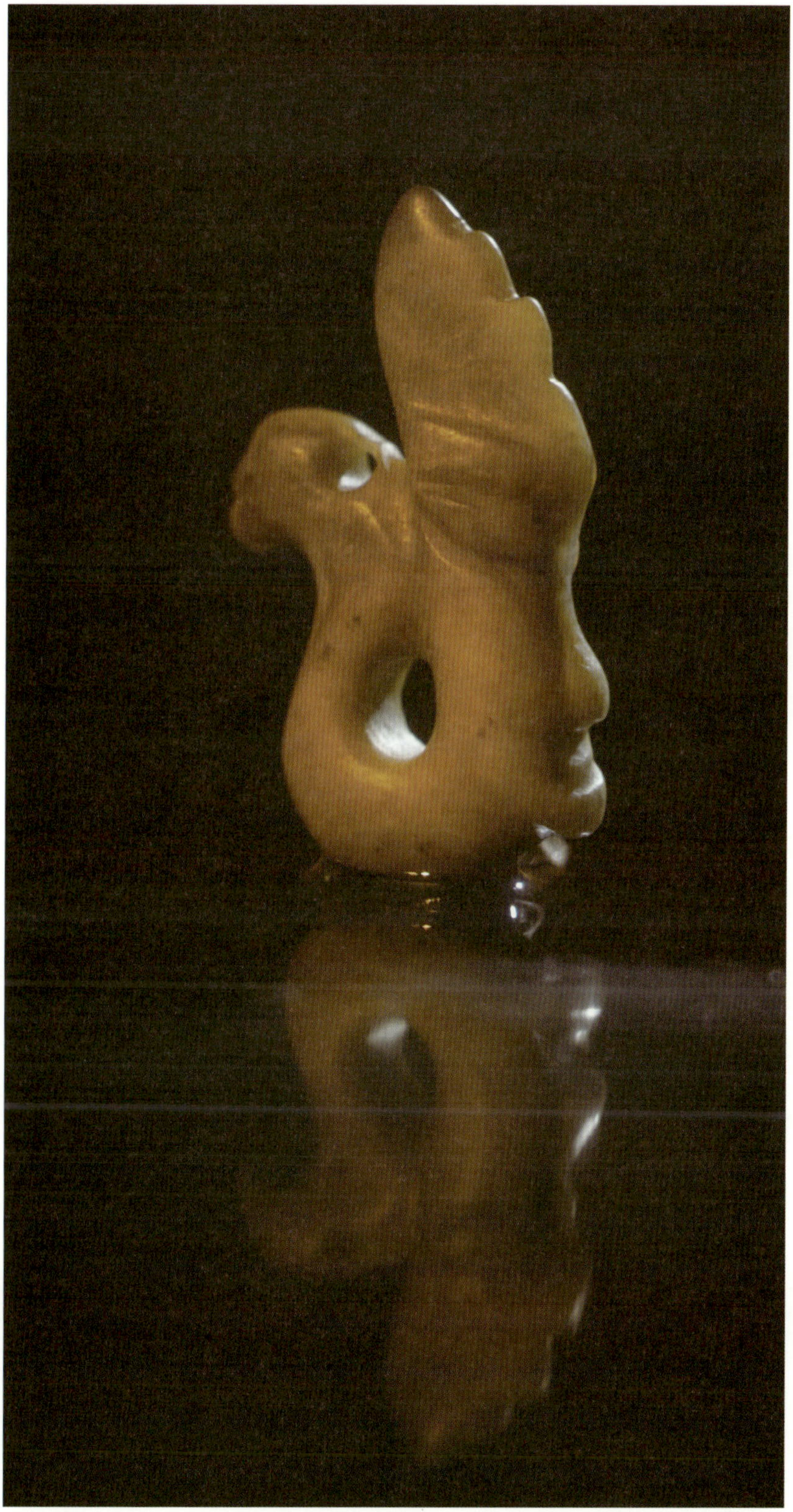

刻在澡盆上的九个字

商汤王这个人很有意思，他在澡盆上刻了这么几个字：苟日新，日日新，又日新。我们现在已经不太清楚心是如何运作了，一旦弄清楚了，也就证悟了他老人家在澡盆上刻的那九个字，时新时化、与时俱新的天地之道。

文化与艺术，在人类历史长河中，表面上看起来，好像越来越细腻、越来越高级了，人们固守它、维护它，可这固守与维护恰恰阻隔了心灵的自由与开放。圣贤的言说，大师的作品，像一道道防火墙，挡住了我们生命行进的去处。然而，我们老祖宗却给我们留下了“天变不足畏，祖宗不足法，圣贤不足为，人言不足恤”的警语，告诫后代子孙需日日常新。

陶鹰　新石器时代 仰韶文化

“一元复始”。中国古人将治国之学与修身之学视为一体，认为内在世界的运作与外在世界一一对应，认识天地大道也可以从认识自己的身心入手，而认识自己身心的过程就是修身。《黄帝内经》这本书记录了古人了解自己的经验，身心不二，我们通过这本书可以开发自己身体本具的智慧。一个不识得自己身体智慧的人，我们称他为一个麻木不仁的人。“观天文以察时变，观人文以化天下”，了解自己心的运作过程，古人称为正心。《易经》这本书记录了古人用心观看世界的经验，并且把他们所证得的“用心之道”用极简易的手段落到特定的形式中，每一个卦象所指的是人感应外部世界的纬度，用卦来生化、拓展“致广大而尽精微”的观照，在人类文化的画卷里显现出中国人独有的世界观。不了解自己心的运作，我们会形容这个人缺心眼。由此看来，我们这个时代缺心眼的人不在少数啊。

观这只陶鹰，真可谓“含弘光大，品物咸亨”。如果没有对身心的认识，手下是捏不出来这等作品的。梁武帝评王羲之的书法“龙跃天门，虎卧凤阁”，就是他感应到王羲之笔气墨韵和体势气象中的混元之气。所谓“混元之气”就是身心不二，形不破体，力不出尖。这陶鹰与王羲之的字是一味的。

观岩画

“天生我材必有用”，每个人都各有天赋，都是天才，没有高下之分。但当我们生下来落到地上，这个承载养育我们的土地就开始使我们产生差别，“一方水土养一方人”。看岩画，可以看到每处土地的气息不同，天才进入不同的地域，创作出的岩画就会不同。

岩画的世界风情万种，气象万千，每个地方的岩画所显现出来的精神清晰准确地投影出那个时代那片土地上的人的性灵，中国的艺术强调见人、见心，从岩画时代就开始了。

岩画　星云图

这幅图是连云港将军崖的岩画，岩壁上的岩画繁花似锦，朵朵花形皆以人面刻出。右手边一条冲天的白线刻满了繁星，头顶上方一巨石摇摇欲坠，气势极为恢弘，这是古人志在高天的场域。观这幅岩画，我们可以从中观读出中国人追求“太华”圣境的情怀，也可以清楚地看到，作为华人，心里映照的、不断想表达的就是一个绚烂光明的世界。

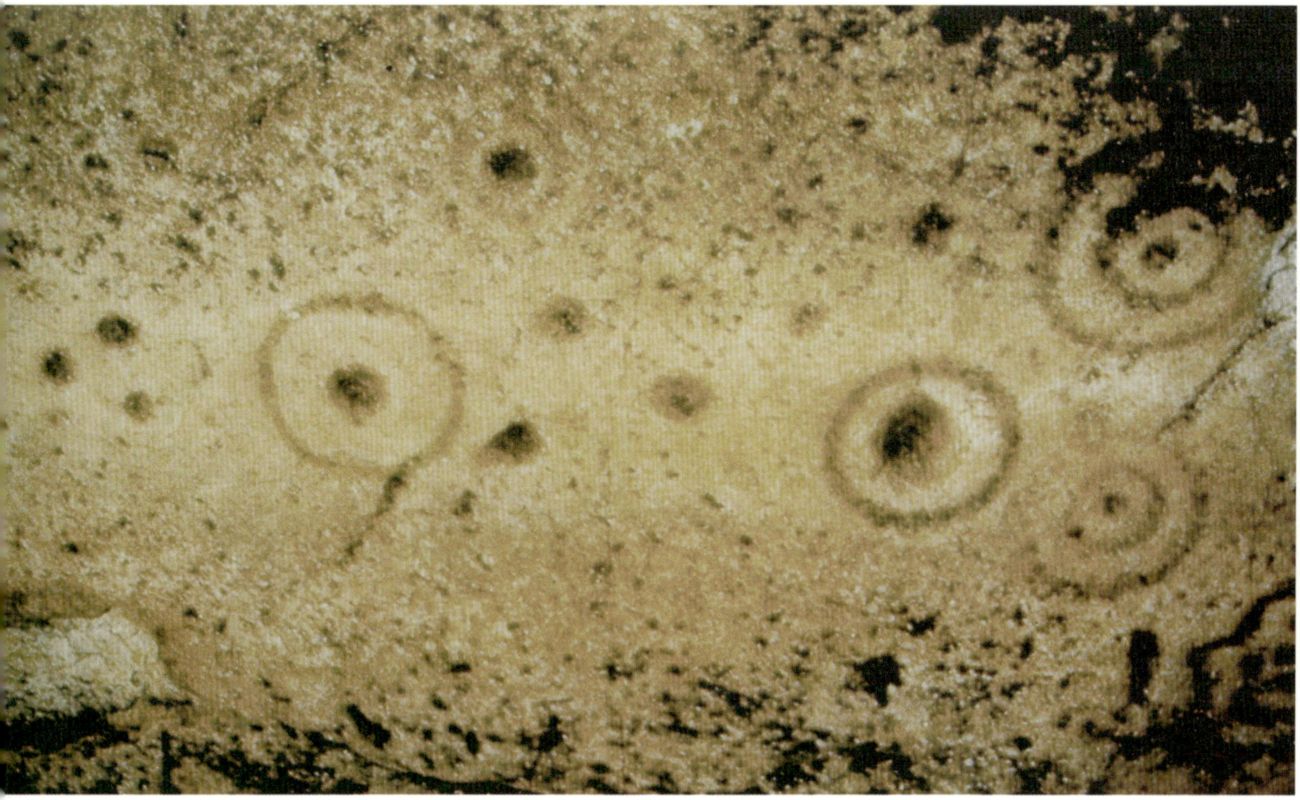

观玉器

最早呈现中国人文精神的器物便是玉器。早在石器时代，我们的祖先手捧着玉石的那刻起，中华民族便步入了文化的自觉。玉凝聚了我们对天地、对人生的世界观。

玉，亦阴亦阳，有虚有实，虚实相生，这是很重要的人文观念，是我们辩证的思维观。这就是中国文化的理性。何谓“理性”？“理性”指的不仅仅是科学理性。理性就是遇事不糊涂，明明白白，无论做人，还是看世界，中国文化很早就发展出高度的理性，玉的文化就是证明。

玉放在灯光下看，像水一样透明，是虚的，手摸上去是实的，虚与实同在。玉冰冰凉，把它挂在胸口，半小时之后它就跟你的体温一样了，所以又是冷暖并存。玉很硬，过去用来做兵器，但把它打磨之后和婴儿的皮肤一样，非常柔，刚柔相济。玉藏之于地下，受冷暖变化的作用会裂开，颜色会从裂缝中沁入，色沁入之后还会不断变化，沁色会蔓延变成斑斓的色彩，玉器不是死的，它是活的，充满了生机。

中国人心性很活脱，很通达，君子佩玉就是要保有玉之德相。玉之德就是天地之德的凝聚，它成为我们民族所崇尚的人格风范，直至今日。

玉龙　新石器时代 红山文化

读这块玉器，头是猫头鹰，身是蛇身，这是中国最早的龙相。后来的人首蛇身成了我们的始祖伏羲、女娲的形象，把龙相赋予在自己的先祖身上，这是中国文化非常有趣的一件事，我们自称是龙的传人由此而来。

“天行健，君子以自强不息”，“地势坤，君子以厚德载物。”这是每个中国人心里的愿望，龙作为中华民族人格的象征，其旨就在这句话里。中国的龙相：眼是鹰的眼，牙是虎的牙，身是蛇的身，鳞是鱼的鳞等等，总之，它非人间所有。我们集合动物身上的这些强力，旨在想拥有一种超人的神力，中国人喜欢把一位有智慧的人尊称为高人，或说他是龙，就在于我们心中始终保有自强的愿望。

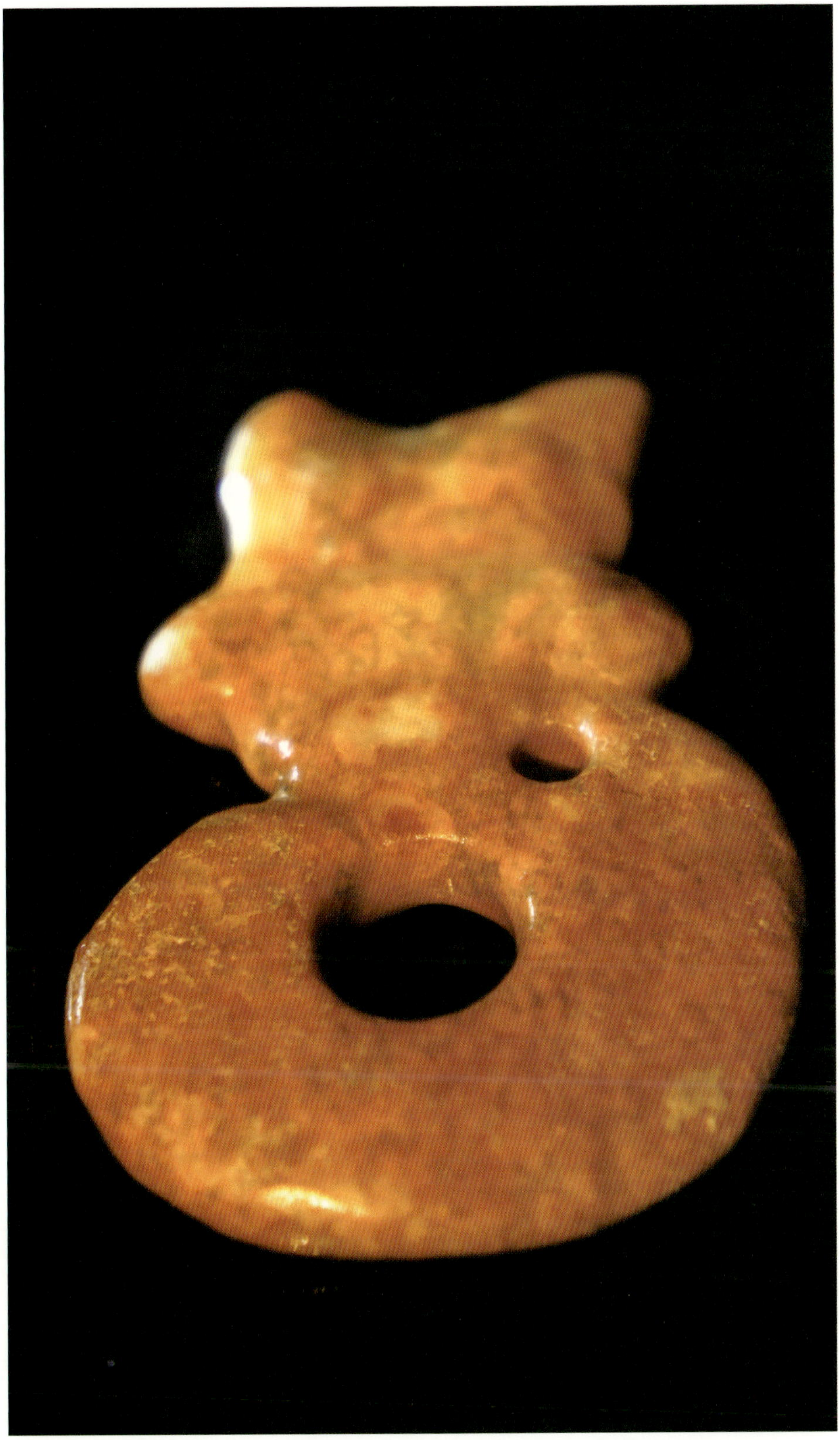

观彩陶

彩陶，点、线、面的任意组合。点是什么？就是太极图，就是天地的全部，“一点万法齐备”。

太极图是活的，阴阳、虚实、刚柔、冷暖、强弱等等变化，都在点中显现。点的延续是线，点的扩大是面，点、线、面的任意组合可以用来呈显天地变化的一切象。彩陶所呈显的是一个人心中的大世界，我们现在如果误认为它是一种图饰或器皿装饰图纹，那就把彩陶的文化精神给泯灭了。

“一点一世界”，彩陶是中国人最早呈显天地全象的文化自觉，我们先有彩陶而后有八卦、易经的理论，以至于我们的文字创造皆因彩陶的诱发而生成。这些彩陶都是甘肃天水出土的，伏羲的八卦台在那里，造八卦也在那里，“象天法地”的文化精神也产生在那里。这个地方是当时中国文化的中心，每一个想认祖归宗的人都应该去天水朝圣，那是中国文化的发源地。

彩陶　新石器时代

读这只彩陶罐，如果我们没有从那些回环、曲直的线纹中读出那时人的心象，那时人的情怀，那么，彩陶仅是现代人认识的工艺品而已。中国人没有抽象与具象之分，心中只有实相。什么是实相呢？就是一点一墨中要显出人心中真实的世界。我们观读彩陶要从一点一墨中读出古人构象的心迹，这是我们进入彩陶世界唯一的通道。

第二章

中国人的文化要求

中国人为艺，要求返璞归真，存赤子之心，它告诉我们一切“游于艺”的行为必须回到生命中来，回到那个当下存在的自我，否则谈天说怪、造境求奇都是没有意义的。因为意义的怪、奇，离开生命的自觉，便是在说谎、自欺、欺人。

艺就是无中生有

“天地之大德曰生”，生命的诞生是无中生有，生命的表达同样也是无中生有。人来到世间的第一声啼哭展示出人本具的能力——“艺”，人通过声音、动作、表情、力量来表达自己的存在。后来，随着人类的成长，文明的演化，产生了文字、语言等各种艺术形式的表达。

气质

人一生下来就有自己的气质，各不相同。出生的地域与身边所交往的人群对人的影响是生而为人的第一口奶。这个原点很重要，它就是天文与人文对生命成长的影响。人的成长重在变化气质，陶冶性灵，这些都离不开人的第一口奶。

我们的世界丰富多彩，非常美丽，“南人北相，北人南相”，这是指变化气质、陶冶性灵的用心之道。行万里路就是冲着这个目的去的，读万卷书也是冲着这个目的去的。中国文化要化育的是完整的人。相对于“缺德”而言是“全德”，真正具足全德的只有孕育万物的天地，在天地这对人类伟大的双亲面前，人或多或少都是有点缺德的，所谓“人无完人”。我们参天地要化育的是每一个人的生命气质，从“缺德”往“全德”转化，止于至善。所以，古人教育自己的后代，一个人要保有谦虚的品德，要虚怀若谷，老子讲“虚其心”，就是告诉我们要始终保有广大的心灵空间，去装载天地间一切美好的事物来化育自己。每个人的气质皆是有局限的，因而每个人都需要努力突破自己的局限，水归其壑、从善如流，让自己处于刻刻常新的升华状态，这既是中国人的追求，又是中国文化的精神所在。

人不需要谦卑，但需要谦虚，这是我们得以升华的先决条件。

风格

气质显现于外就是风格，我们可以把它投影到日常生活中来观。每个人走路的样态不同，说话的语调也不一样，喜、怒、哀、乐的表情及动作都不一样，这些都反映出每个人不同的风格。现代人注重个性，讲求风格，在艺术作品中保有风格而自鸣得意，坚持它、固守它，乃至于在自己生命气质、性灵之外强造出一种风格，这都是背道而驰。

风者，动也；格者，界也。这个“界”可以说是疆域。如果你死守着气质、性灵外显的疆域，岂不是画地为牢吗？在生命里，在艺术中，如果用这种态度来对待自己的所作所为，那么我们这棵生命的大树便扭曲了。中国古人对生命成长要求“一露一朝新”，在艺术中强调“不复古人一笔，不复自己一笔”，就是要突破已有风格的局限，从而展示生命常新的风格。

把风格作为我们为人、为艺、自照、自知的脚印，这是“自明”之为，从自己的脚下跨出日日新的每一步，那是生而为人的应当。文化一事若成为教条，就落入了风格的固守，这个文化一定会因此而堕落。艺术一事若落入风格、样式、手段的固守，抹杀的正是艺术的创造精神。

境界

“一重境界一重天”。境界是一个人活出自己的才华、性灵、能力、涵养、创造力等等生命自具的品质时所呈现出来的样子。每个人都有境界，但是境界有高下，王国维说“有境界则自成高格，自有名句”，这句话清晰地点出了境界是要通过人的主观努力（即自觉）在生命成长的过程中活出来的。有境界的“有”字指的是要有高的境界。孔子说：“志于道，据于德，依于仁，游于艺”，他沿着自己所说的这条道路践行，在晚年做到了“从心所欲不逾矩”，这是他老人家的境界。王羲之作书无一字同，无一幅同，不复自己一笔，不复古人一笔，这是王羲之的境界。没有人可以拷贝别人的境界，也没必要拷贝，只要你自己明了自己的境界，从而超越它，升华它，使它刻刻常新就可以了。

如实了知“境界”一词在中国文化里所指的含义，对我们今天的人来说至为重要。境界是人文精神的内在要求，也是人文精神化育人所要达到的目的。老百姓常评论“这个人的德行、那个人的德行”，往往指的就是境界。然而，要获得高的境界绝不能把圣贤或者他人的境界安到自己头上，作为衡量自己生命存在的价值标准，缩手缩脚，不敢越雷池一步。如果这样的话，看不起自己，忘了自己，生命迷失了，还谈何境界呢？

精神

精神就是方向。精神就是信念。

一个人，他的一生就是在画一幅画，一个民族也是在画一幅画，同样，人类也是在画一幅画。这幅画是什么呢？就是真、善、美。真、善、美是人类水归其壑、从善如流的方向；真、善、美就是天地之道，不仅是中国人，也是全人类共同的信念。

中国人从玉石里发现了真、善、美，我们据于此，依于此，止于此，展开了漫长的文化化育，一刻都没有停止过。玉之德即天地之德的象征，人的生命中要显出玉的德相，古人用一句很简单明了的话说出，那就是“天人合一”。我们可以这样说，“天人合一”是每一个中国人在画的那幅画，也是中华民族整个大家庭在画的那幅画，把“天人合一”这四个字搞清楚并用一生去践行，我们就活出了中国人的精神。

造字

为什么要造字呢？我们对天地万物的观察、对生命的体悟所结的果实要交给后代子孙去传承、延续，这就要通过一个具体的艺术形式来表达，“字”就在此时诞生了。智者高人通达了，证“道”了，怎么能让它“明”于天下呢？文字就起这个作用。所以岩画、玉器、彩陶都是忙着把这些上古的智慧结晶，用具体的艺术形式刻入，留存在那里，让心物得以凝固，让它相传有序，从而开启后代子孙的新生活。

心与物

现代人强行把“世界”分为两个，一个称之为精神世界，另一个称之为物质世界，从此“心”、“物”相隔，生命分裂了。

中国古人讲“乘物以游心”，我们现在可以通过观读先人们留下的遗物见到他们的心迹，见到他们的用心，这是一件不可思议的事。古人又讲“心物一如”，这是说心以物显，物以心明，两者是分不开的。所以，他们说“为天地立心”、“天心即人心，人心即天心”，不矛盾的。要了解中国文化的对待观，不把心物统合起来，无从入手啊！

唯物、唯心是现代人常挂在口头上的说法。“乘物以游心”在大多数人看来是玩物丧志。玩物能丧志吗？不会的，只是你不懂得用心玩。解放前，古琴大师管平湖先生生活贫寒，靠鬻画度日。有一天他在街上漫步，突然听到蝈蝈的叫声，但觉声如洪钟，摄人心魄，忙随声而去，找到了那只蝈蝈。尽管这只蝈蝈的寿命只有几日可活，他还是花五元钱买下请回了家。要知道五元钱对当时的管先生来讲已是巨资啊。之后管先生澄怀观音并在琴上操练起来，师法自然，乘物游心。

数日后，有人到他家做客听琴，觉先生琴中有钟磬之声，管先生脸上浮现出来满意的微笑。得了！

王羲之痴鹅，米芾拜石，这都是乘物游心。后来明清人玩石，瘦、透、漏、皱四趣成了他们玩石的标准，知其然不知其所以然。你说他们是在玩石吗？不是的，他们是被米芾说的瘦、透、漏、皱这四个字给玩了。大家都知道米芾拜石，可是又有多少人知道米芾拜的是什么？米家山水混混沦沦，混元之气扑面而来，他老人家拜的是这个啊！

“以通神明之德，以类万物之情”，这是仓颉造字的用心之道，也是中国艺术千古不易的用心之道，文字就是从这一对待观中生出来的。老百姓常说，“举头三尺有神明”，最了不起的神明是天地，而作为天地之心、万物之灵的人是可以去通天地之德，类万物之情的。中国文字的创造就体现了这样的神通。

取象知形

“象”由心生，心生之象就是我们常说的心象，中国文字就是中国人心中生出的象。

“笔迹者，界也”。笔迹所界的是万事万物风情万种、气象万千的机趣，这个机趣是由人心中生出来的，中国人用“意”来概括。心生之音谓之“意”，取象在这里，知形也在这里，文字所指的义要传递的正是心中要表达的“意”。中国文字是中国人心性的活形象，也是中国人智慧的外显，中国文字从符演化成唐楷，经过了漫长的道路，损之又损，简之又简，最后凝结在一个“永”字里面。“永”字八法标志着中国文字的成熟，八法就是八画，用这八画可以化生、凝结我们想表达的义，由“字义”传人的“心意”，是汉字的精神。西方二十六个字母借用拼音传其义，可是每一个单词所指的义是不能任意想象的，而我们的文字，一个字是多意的，一个词也是多意的，它们是立体的，是活的。中国人心智的活泼由汉字所育，中国文化源远流长、生生不息，其功德也要归于我们的文字。不要把中国文字简单地说成是象形文字，这是置中华民族智慧于不顾的简单对待，更不能随意说废除汉字，废除汉字就废除了中国文化的慧命。

会意

会意是中国文字灵魂之所在，字义所传达的是人的心意，人通过文字要“会”的也是人的心意。

随文字的诞生而生的是民族的思维模式，或说思维习惯。思维习惯的生成在全民族生命里所显现出来的就是民族性。“心领神会”是中华民族思维习惯的特征，我们不能死咬字义而死在字下，古人告诫我们不要著文字相。中国人作文、作诗讲求“语不惊人死不休”、“一字千金”这不是吝啬吗？不是的，他们是要用文字所显的象诱发人心灵的想象空间。字是实的，意是虚的，虚实相会，生大情怀，有意思得很哪。古人一首诗三言两语要传递的是一个“意”，这意里面让人生出大情怀。《水浒传》千言万语也是要传递一个意，这个意是什么呢？一个“忠”字就概全了。这本小说前面用了大量的篇幅来描述人们追求自由的愿望，一百单八将，一个个皆是“牢笼不肯住，呼唤不回头”的硬汉。后半部分同样用了大量的篇幅描述招安后个个惨死的景象，我们可以从那一幕幕惨烈的镜头中领会到一种大义，这种大义是以个人的赴死去换取一国之安泰、与国同修的努力。“忠”这个字不是忠于皇权，也不是忠于什么国家的统一，而是心中要保有“中道”。“中也者，天下之大本也”，中道是中国人的良心所在，也就是小说中的代表人物宋江扬举的“替天行道”的那个“道”。

国家要安泰，人民要安居，这是人类生存的首要条件，一切社会的发展基于此，人们的生活幸福也依于此，这就是宋江不惜一切所要维护的那个道——“忠”。会意会意，中国文字要会的就是这个意。

诗性

诗性就是一个人始终保有生命心性的“活泼”，上天入地，无古无今，不受时空相的限制，充分发挥心的能动、心的自由的一种生活。中国文字要化育的就是这样一种生活，“从心所欲不逾矩”，就是诗性。

林语堂在他的《吾国与吾民》一书中用“望风随想，景仰高山”八个字概括我们中国人的民族性。这句话说得太好了，非常有诗性，把一个很复杂的问题用几个字就说明白了。老祖宗造字给我们提供了一个广阔无边的世界，这个世界是那么的光明，那么的灿烂，那么的自由。今天的我们在“科学”是检验真理的唯一标准的认识中，还能不能保有我们本具的诗性？这是对中华民族性是否常新的考验与挑战。

变易与不易

汉字不是仓颉一个人创造的，他是集大成者。他把那个时代所有的符和文字编入了程序，这个程序就是六书（象形、指事、会意、形声、转注、假借）。六书是造字的对待观，它能集变易世界的诸旨趣收入一个简易的形式之中，成为不易的文字。不易的是什么？不易的是文字形式吗？当然不是。文字从甲骨文到现在的简化字一直在变易，可文字所提供给我们的那个生生不息、始终保有的活性是不易的。

汉字很绝，很像我们现在的影像语言，可是它却又高明于影像语言，这高明在于它触动人心的作用力是一种虚的力，不是实的视觉的三维空间，更为自由。你看一个“山”，你可以联想到无穷的山峦变化，也可以联想山气春、夏、秋、冬的化变景观。如果用毛笔写一个山字，那么这件事就好玩了。一个“山”字你可以用水墨显现出气象万千的山之情气，写上一百个山字，就会显出一百个不同的气象，每一字都可以入画境。现在有的人觉得汉字书写复杂，不方便，落后，甚至要丢弃，你要知道，丢弃汉字你也就丢弃了几千年中国人创造的文明，你没有了汉字这个通道，也就永远不可能知道自己是谁了。

发现『气』

中国人觉知生命的存在，依于“气”，人活一口气。太极图所表征的是阴阳二气的化生之象，它统摄了我们对生命存在的全部认识、利用与对待观。欧洲人用十字架，印度人用莲花，伊斯兰用火焰文，一目了然，四种图纹所显现的精神各不相同。我们把这四种图纹看作是四面旗，各民族各地域的人扬举它，统帅的方向也就不同。中国人扬举的这面旗帜上绣着的是太极图，如果我们现在的人不识得这图的内涵——“气”，那么，就很难说是懂得中国传统文化。“一阴一阳之谓道，继之者善也，成之者性也。仁者见之谓之仁，知者见之谓之知，百姓日用而不知，故君子之道鲜矣。”

“气”是中国文化的“金绳觉路”，中国文化据于此，依于此。中国人很有意思，一字悟入便可以得大全。就好像打井，穿过土层、岩层，见到水位线，汪洋大海就现前了。如果你这个人彻悟了“气”，那么，你看天地是气，看文章是气，看书画是气，看器物是气，看人还是气。总之，一切皆是气之化。我们读万卷书，行万里路，参天地而化育，化的就是生命气质。

“一字悟入”是学习中国传统文化的心法。记得老师跟我说：“聪明没有用啊，你得一字悟入，像剥笋衣一样一层层地去剥，剥到底，什么都没有了，这下就好了，那个‘没有’才能生‘万有’，无中生有啊！”老师这番话把他一生为学的经验都说完了。现代人为学喜欢把理说明白，那个“理”是西方人习惯的逻辑之理，用概念推概念，概念一大堆，最后什么都说不清楚。为什么会这样呢？很简单，就是念头生念头，只会让人在概念世界里面臆想，在这个游戏里，越想弄个明白，探个究竟，离真实则会越来越远，最后彻底迷失，回不了头。中国文化之“理”是易之理，无极生太极，太极生两仪，阴阳互动，合和相生，就是这么简单。

青铜：气的舞蹈

青铜器是夏、商、周那个时候的人借以升华自己生命气质的手段，用现在的话来说，就是他们的“high 点”所在。成千上万的青铜器出土，我们看什么呢？看的就是当时人的注意力、high 点。

气作为亲证生命真实的通道，古人把注意力集中在这里，借气之化展开生命情气的表达。饕餮纹（兽面纹）任意化生出无穷的气象，点、线、面的任意组合呈现出气势无穷的律动。没有一个形制是一样的，他们要在那里穷气化之极，这是与器共舞的创造，是气的舞蹈。青铜时代那么灿烂，可以说就是“气化之神明”。

读古之遗迹，要咬住那个时代人的 high 点，这点非常重要。“文革”期间，人们全心全意地在 high “主义”，据说当年的新婚夫妇在床上调情的时候，因议论“主义”的不同会在床上大打出手，搞得一发不可收拾。在那个时候，个人情感在信念“主义”面前就显得无足轻重了。现在人 high 钱，连手机彩铃都是“我赚钱了，我赚钱了”，多有意思啊！就连我们借以表达生命心性的艺术品也成了金融产品的媒介，一幅画变成了一只新股票，短短的几天时间，这幅画的市值便升了数十倍。看看青铜器，我们的古人把 high 点聚焦在气上，用“气”凝结成“器”，借以祭天地。中国文化讲天地情怀，重“天心即人心”，心量多大啊！

从玉器到彩陶，直至到现在的山水画，我们在艺术中始终保有的天地情怀一直没有变过。

青铜 爵　夏晚期

读夏代这尊爵，沉甸甸的青铜器放在那里，给人的却是一种悬浮感，重量感完全隐退了。这是为什么呢？这就是“气”的作用。这是古人化沉重为虚灵的能力，只有当阴阳二气和合不二的时候才能产生这种效果。中国早期的青铜器把注意力集中在通过形器边缘的线传达气韵上，后来慢慢地把注意力集中到描绘形器内部的饰纹上，到了汉代，青铜器上已是镶金挂银，再也没有早期青铜器的那种悬浮升腾之感了，完全像一个人一屁股坐到地上，沉甸甸的，提不起气了。

古人站桩，讲“虚灵顶劲”，形容这种状态犹如“三尺罗衣挂在无影树上”，早期青铜器呈显的就是这种感觉。这里要特别注意的是艺术之于中国人在于它能够与生命自体相合，一件器物是一个人体，一张琴是一个人体，一支笔是一个人体，一根线也是一个人体，一栋房子也是一个人体。

漆器：韵的实现

如果说气的自觉以青铜器为代表，那么，气所生的韵的表达就该是漆器了。

古人鉴赏书道作品从笔气墨韵中入，一笔入纸气韵皆显，不可分。然而，气是气，韵是韵，又是分明的。中国文化是践行之学，如果你想读懂书道之妙，不拿起笔，这扇门是不会为你打开的。如果你请一个人告诉你画在宣纸上的一根线条哪里是骨，哪里是肉，哪里是精，哪里是气，那么，即便是羲之现前也作难了，没有办法说清啊！反过来，你拿起笔去写，那么，骨、肉、筋、血、气、神，在你心中就会了了分明。

漆器以红、黑二色相显，黑主水，红主火，水火既济，二气互生互动。但是仅如此去阅读漆器就太粗疏了，这是把一个鲜活的艺术品投影到文化概念中，硬生生地把它们捆在一起的野蛮解读。反过来，你把黑色观成虚空，把红色观成骨线，景观就大不一样了。中国人对待红、黄、蓝三原色有着自己独特的艺术对待，黄主发，气往外；蓝主收，气往内；红兼得黄、蓝二色之性，居其中位，是中和之色。“中和之律”是中国人在天地二气化变中找到的那个“点”，“发而皆中节”就是这个点。现在人都知道中国红，在艺术中广泛使用，认为是中国文化元素，却少有人知，它是中国文化“中和之律”在色相中的显现。中国文化讲求“吾道一以贯之”，讲求“统一”，这个“一”就是中和大律。

如果说气象万千是气，那么，风情万种就是韵。韵在中国文化这幅绚烂的图卷里发挥至极的是唐诗宋词。现代人要走进中国艺术大门，守在门两旁的哼哈二将，一个是气，一个是韵，不把他们这两位吃掉，吞到肚子里化没了，你要走进这扇门是有点难的。

漆器　汉 马王堆出土

黑中浮显出来的那些如音符般的线条，是气之律动。我们要仔细地去观察它，那些律动的红线有黄色提出了亮的地方，而红线的边缘用极细的绿色勾勒包裹，红线与红线之间却又用蓝绿色勾连起来，产生了回环的气势，而回环气势的中间用极细的深蓝色勾勒出图纹，这些图纹远观像点。

以上这些手段构成了点、线、面的律动，虚灵飘逸。红的往外凸出，黑的往内收入，一张一弛，二气相交，气韵极为生动。古人在这尺幅间布了一个场，天地气韵的场，我们不能把它简单地看作是器皿装饰纹，而要把它看作是古人心中的天地，这样观，我们就是在"师古人之心"了。

丝绸：气韵生动

丝绸，中国人第一次在另外一种物质上实现了玉的理想。这是继青铜、漆器之后的又一个 high 点，在两汉达到了高潮。

丝绸的明泽、剔透，如玉，但不是玉，用它可以任意织染，任意刺绣，天之文、人之文合和了。我们从汉代遗留的大量绣品中，发现他们用金丝勾嵌，丝品闪闪发光，这是要一件丝品有着自生的活性，让物活起来。这个现象不是偶然的，它是要求艺术品有一种如电如露的触动力（作用力），这个就是“气韵生动”。织品与绣品在阳光下如光如气、和光同尘，大大地满足了我们心性对光明的渴求，也实现了心性气韵生动的愿望。渴望光明是中华民族持久不变的精神追求，中国人头顶上不能有东西盖着，他的心直接与天地相映，他要的是“天人合一”。印度文化流入中国，中国人敢呵佛骂祖，最后把印度文化化掉了，诞生了自己的文化理念“大乘佛法”（大乘非佛说）。现在西方文化流入中国，中国人同样带着积极的态度拥抱它，短短一百年间，西方的神话在中国人心中一个个破灭。时至今日，我们已经踏上了重建中国人信念的大道，“和谐社会”作为社会理想出现在了主流文化中。

丝绸是日用品，同时它也是承续着中国人文精神的文明之物。丝织品在汉唐期间，通过海上和陆地的丝绸之路向世界传播，赢得了广泛赞誉。丝绸、瓷器、茶叶作为中国文化的信物与文明的生活方式，被世界人民接纳、发扬，这是中国文化智慧的化育力的体现。智慧不在口头上，而在功用中，这是中国人对智慧所持有的态度。现在美国好莱坞电影席卷全球，他们把基督教的文化精神“承担、博爱、正义、勇敢”融入到娱乐的形式之中，使之广泛传播，深受大家的喜爱。中国电影因为缺乏对本民族的文化认同，没有提供应具的人文精神，在人类精神文明的建设中落后一步，这是一件值得思考的事。“中国、中华民族”，国家的名字里有个“中”，民族称号上有个“中”，凝聚着我们人文精神的三个关键词“中和、中庸、中道”都有“中”，那么，这个“中”是什么呢？这个“中”就是太极图，就是中国人在天地化变中体察、证悟到的那个“点”。中国文化不即不离，直道而行，所依的法要就是这个“点”。“喜怒哀乐之未发，谓之中；发而皆中节，谓之和。中也者，天下之大本也，和也者，天下之达道也。致中和，天地位焉，万物育焉”，我们老祖宗把民族文化的法要用这一个“中”

字隐藏在自己国家的名字与民族的称号中，这是先人们的良苦用心。我们后代子孙应识得先人这一用心。“天圆地方”。“中”字，方形中一竖，这一竖是要接通天地两维的人，古人用一个字就把“天地人合一”的人文情怀装进去了。总之，“中”这个字，每一个中国人都应该懂得它的真义啊。

信息时代，人类文化被展平了，中国人就应该在这个时候站出来积极应对人类文化的新格局，以往东亚、东南亚地区的文化精神皆是用“中”这一个字来提纲挈领的，那么，我们今天是不是也可以用“中”来涂写人类新的文化，让“中”的精神再次服务于人类社会呢？

丝织品　汉 马王堆出土

马王堆出土了大量的丝织品，有一件素纱禅衣，长128厘米，通袖长190厘米，形制很大，你把它团起来可以装进火柴盒，这是工艺，标志着汉代丝绸工艺的高超。图中这块丝织品用朱砂涂染，厚薄极为均匀，矿物质在丝绸上沾黏得很牢并千年不脱，不可思议。你把它放在阳光下折照，它会显出手电筒贴在手掌上照明所产生的效果，通红如血，气韵生动，让人瞠目结舌。我们可以通过汉代人留下的这些遗迹照见那时人心性的绚烂，也能照出一个古国开天辟地的情怀。

画：升华之道

从青铜的气到漆器的韵，然后在丝绸上实现了“气韵生动”的理念。气韵生动的理念后来成了画道六法的首位，直至今天一直活在中国艺术里。

汉末印度文化长驱直入，触动诱发了中国人个体生命在艺术中的自觉与心性独立不共的追求，由此启蒙了我们心性艺术的诞生。后来，中国人把书画作为心性自觉的升华之道。汉画色彩缤纷，绚烂中显沉雄大力，取物构象信手拈来，任运机化，无天无地，这是一种从心性中涌现而出的心象，绝非客观事物之呈显。汉隶粗头乱服，纵横回环，一点一划中要显出我之面貌，我之情怀，从文字相中破体而出，书道初始，章草在此时诞生。纵观中国艺术遗迹，有一个显著的特征，那就是“不破不立”，以破坏的手段突围，却又能承续前贤的精神，形式、手段不断翻新而精神不移。有人说中国文化在上古的时候就成熟了，“今不如昔”在后来文人的心迹中是常见的一种情景。现在要真正读懂《易经》都不容易，所以说，我们的文化是早熟的。此见虽有道理，但感不足。中国文化的魅力与活力不在于它所达到的高境，而在于它把注意力集中在“心”上。“象天法地”是心，“日日新”是心，“参天地而化育”是心，我们的文化就是告诉你要“用心”，中国文化精神的核心就是“用心之道”，是“唯此一真实，余二则非真”的。在任何一个时代，主流文化只要把“心”放进去了，不搞教条，那么，这个时代就会欣欣向荣，成为盛世。

书画一事在今天还完完整整地保存着中国人的用心之道，可谓难得！

朱雀　汉代

绘画一事，不可目取，只可神遇。画的作用力如实地传递到你的心里，绘画的功用也就达到了。它传进来的是什么东西？个人自知就可以了。

中国画的精神

中国绘画的发展从遗留至今的画作上来看，岩画的涂抹、彩陶的描绘、汉代壁画的勾勒、晋唐的描法至两宋法备气至，整个发展过程是一种相互依存、相似相续的升温过程。在这个升温的过程中，王羲之、王维、苏东坡所做的努力是至为重要、至为关键的，可以说没有他们三个人的出现，中国画道不可能结出“元四家”这个果。元四家的出现开启了中国画道的自觉，这是继琴、棋、书之后心性艺术的又一次诞生。

王羲之

王羲之是中国书道的集大成者，他承续了秦李斯、汉蔡邕、三国钟繇的用心之道，“师古人之心，不师古人之迹”，从而创造出了新书（行书），使得普通人皆能步入书道的天地，借以化育自己的生命。

中国文化书道的自觉从王羲之开始，由于他一往情深的努力，带动了士大夫阶层践行书道的风气，从中识得了书道这一“无用之用乃为大用”的艺术法宝。王羲之开启的艺术天地是“以一管之笔拟太虚之体”，亲证天地人生的真实，中国人笔下的一点墨能显现出“十方世界”，这是得之不易的。王羲之不仅是一位伟大的艺术家，更是一位“思接千载，目极八方”的文化大德，他留下的《书论》承续了先秦乐教的艺术对待观，同时把蔡邕、钟繇的书道自觉上升为一个民族的文化自觉，用他的话说就是“书之气，必达乎道，通混元之理”（《记白云先生书诀》）。文心要雕龙，这是中国人的文化要求，唐太宗李世民赞叹王羲之的字：“飘如游云，矫若惊龙”、“逸少国举”，王羲之书道作品中显现出来的精神成为了唐代文化精神的活形象。中国人文精神的象征与人格精神的象征就是“龙气”，而“龙气”用现在的话来说就是“国魂”，就是“民族魂”。王羲之书道作品的境界如实地呈显了中国人心中的龙气，他的书作作为中华民族魂的活形象一直被供奉到清“三希堂”为止。

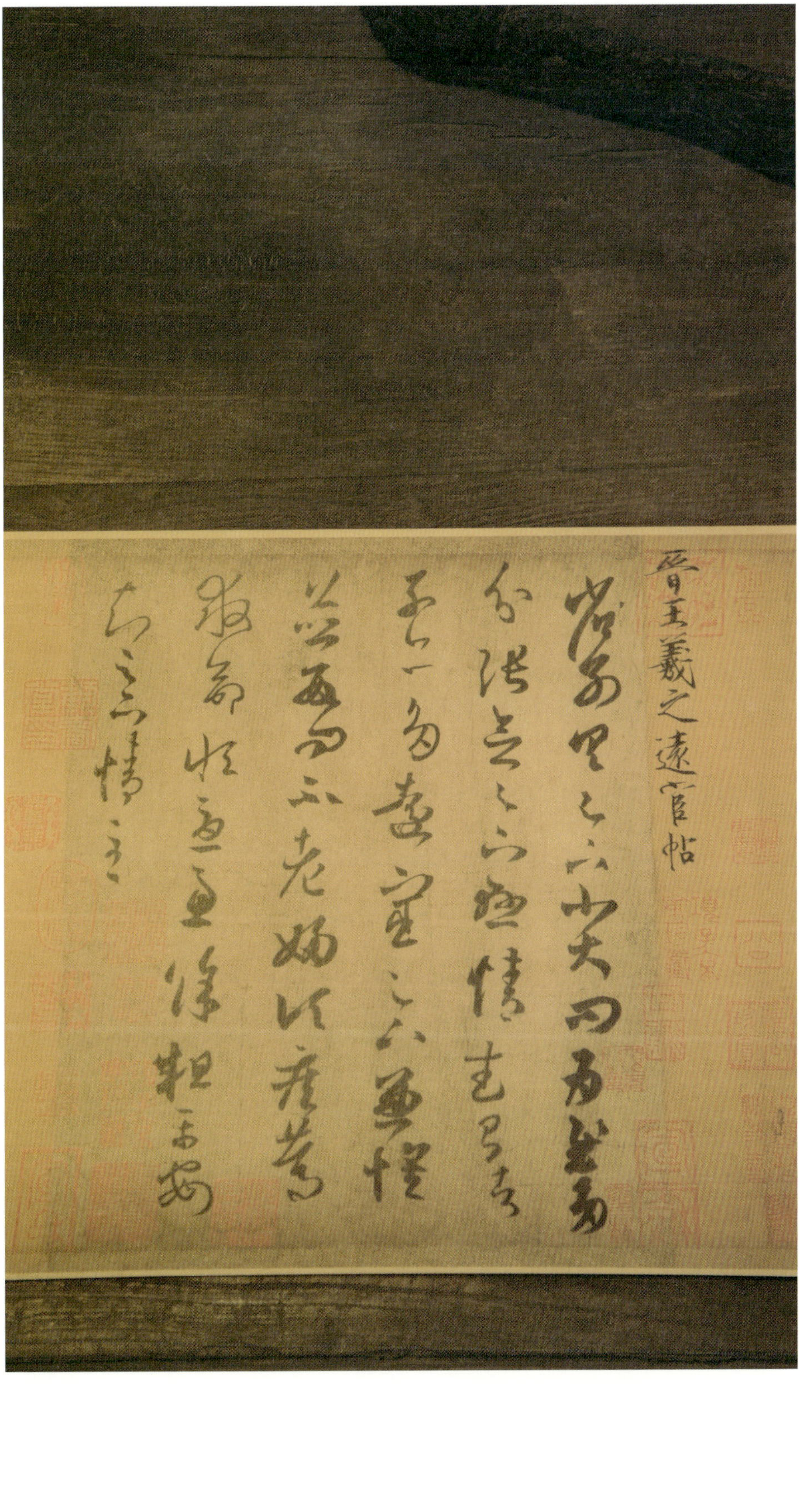
晋王羲之远宦帖

王维

王维作为一国的重要官员，一位优秀的诗人、画家，中国文化的大德，其贡献在哪里呢？

王维崇尚水墨，以黑、白二相作画，从而开启了中国人“褪尽铅华，水墨为上”的绘画对待观。这一步的跨出使得中国人在五彩斑斓的变易世界中寻得了一种简易的表达方式，七彩被简净成水墨，而墨分五彩转换成了骨、肉、筋、血、气、神的生命语言，这是一件极了不起的事。当视觉语言被转换成生命语言，那么，画中就能见人了，可以说这是在人类艺术画卷中前所未有的一次突破。其贡献在于他把我们带出了“五色令人目盲”的眩晕之境，把人的注意力集中到二气的化变中，决出了自己的生命精神，从一个可赏的艺术世界步入了一个可鉴的艺术自觉世界。

王维崇尚“诗中有画，画中有诗”，如画作《雪中芭蕉》。诗是什么呢？诗是上天入地、无古无今的话语表达。这就是说王维要把中国人不受时空相所限制的自由思维这一习惯移植到作为空间艺术的绘画世界中。“诗中有画，画中有诗”这一理念的提出在他所生活的时代是一个极富颠覆性、革命性、破天荒的理念。王维让中国人从平远、高远、深远、幽远的意象世界步入了一个“可观”、“可游”、“可居”的诗性（心性）世界，这是中国文化史上的一次大解放。世界观就是观世界，观世界的角度变了，人心中固有的世界观就会随之改变。王维的《雪中芭蕉》四时不分，开启的是人们心中观看世界的新维度。没有王维这一步的跨出可以说就没有五代两宋的绘画“书为心画”的人文自觉。一个崇尚“天人合一”的民族在那个时候起，真正步入了心的自觉。如果说六祖慧能是心自觉之文化的代表，那么，王维可以说是心自觉之艺术的代表，这两个果是中国文化和印度文化交融之后所结的果。

一轴、一卷画中四季不分，收天地万象于尺幅间，呈显人的心性精神至王维开始。

富春江长卷　元 黄公望

苏东坡

黄宾虹说："画法全是书法"，这句话的由来出自哪里呢？就是苏东坡提出的"书法入画"。

中国画到了宋代碰到一个问题：诗性融入绘画了，水墨融入绘画了，但还有一个问题没有解决，就是怎么让绘画世界步入一个"致广大而尽精微"的人心世界。绘画的点、染、皴、擦，勾勒、描涂，受制于借以寄情的物象，不能全然地呈显心性的实然，"粗疏"且"有隔"。苏东坡凭借着诗人的情怀和超凡的天赋，识得了王维的用心，并从中以其独有的慧力观到了其不足之处。"东坡写竹"，一杆通底，画树、画石一笔成章，把王羲之书道的用心之道移植到绘画之中。书法入画是"化实为虚，还虚入浑，转浑为心"的艺术对待，他把作为呈显意境的绘画带入了一个直笔书写人的心意（写意）的绘画世界。从此，中国绘画艺术进入了一个全新自由的新世界，开启了中国画道的自觉。元四家是承续书法入画的践行者。

用心作画，画法与心法高度结合，画也成为了"依于气，据于律，成于神，止于至善"的人文自觉，这是继琴、棋、书之后的又一次伟大的艺术自觉。我们今天知道写意画是用来写心的，如果没有王羲之、王维、苏东坡的努力是不可能的。

一幅画直笔写出，画法全是书法自苏东坡始。

布袋和尚　元　雪香

第三章

写字不再只是写字

拿起毛笔，不是为了写一手漂亮的好字，而是要解决人的问题。通过学习书道，修炼书道，变化自己的气质，陶冶自己的性灵。

由书进道

为什么在唐代王羲之被奉为“书圣”？那是因为我们认同并确信了书道是表达我们生命的一种语言，用它可以如实地呈显一个人的生命境界和人文情怀。“心正则笔正”、“人品不高，落墨无法”是书道不移的精神。

书道的生成经历了一个漫长的时期，三皇五帝时期老祖宗从玉石中看到了天地与生命的气韵，在彩陶里第一次呈显出中国人的天地情怀与生命情怀，后来又在青铜、漆器、丝织品上实现它，并使之广大，更为精微。我们走过了这段漫长的道路，最终在魏晋形成了书道的自觉，在那个时期的代表人物有：蔡邕、钟繇、王羲之，我们确信了“以一管之笔拟太虚之体”。至此，书道代表了中国艺术最高的成就。

符

符，就是符号，只不过中国人认为符是有神力的，它可以传递出人心中说不清、道不明的那个“意”。今天的道家还在用符，用它来镇宅、避邪、祛病等等。画符的道士很有意思的，先要净身，然后要焚香净心，执笔写符需一气呵成，要把全部精神聚于笔画里，使之发挥出神力。实际上，这个神力就是人说不清道不明的那个“意”。中国书画要写意，写的就是自己说不清道不明的那个“意”。把这个意如实地呈显在了纸上，我们就说神来之笔，视它为“神品”。古人作书、弹琴、下棋，乃至于作诗皆要焚香更衣，其目的就是要在短时间内心意凝聚于一点，让意在具体的艺术形式中清晰无碍地呈显于物上，达到“心物一如”，就是这么简单。后来，书道要一气呵成，成为“一笔画”等等，都是延续了画符的用心之道。

符 岩画

甲骨文

从符到文字的生成，中国人经历了漫长的艰苦努力，它是成千上万人集体努力的结果。从符到字，这一步的跨越是中国人智慧非凡的一跃，它是要使粗疏传递意的符变成精微传递意的字的大转换。字的诞生成就了中华民族这个大家庭语境的统一，百鸟林中有了字的出现，交流就没有障碍了。

甲骨文是现在出土文字中最早的一种文字，古人用它来与未知世界沟通，刻在甲骨上的字大多是通灵人（巫师）所为，如画如符、天真烂漫，它还保持着一种符的神力（作用力），每一个字都呈现出了笔者的心意。

甲骨文 殷商时期

金文

金文在青铜器上大量出现，你把这些文字与甲骨文一对比，构字、结体显然就没有甲骨文那么随机应变了。笔画大大地减损，损之又损，减之又减是书写方便的需求。

文字从少数人（巫师）使用到士大夫阶层使用，直到唐代人人可以使用，这是中国文字内化的方便之道。

金文　周

秦篆

秦小篆的出现统一了中国文字。文字的统一其功用在于文化语境的统一，文化语境统一了，一个民族的思维方式就有定势了，思维有定势，思想就能交流互通，思想交流互通会辨明文化努力的方向，即文化精神的诞生。文化如果没有了精神，鸟语花香而已，它绝对不可能涂写绚烂的文明画卷。

琅玡台刻石　秦

秦小篆中正平和，有庙堂气。什么是庙堂气？就是它可以用以匡正人心。唐、宋、元、明、清选拔国家管理人才时，把毛笔字作为折照一个人品德的参考物，笔下如若板、刻、结，满纸黑气是做不了官的。用一张纸就能照见一个人的品德，是中国文化艺术的大功用，开启这功用的正是李斯先生。

汉隶

秦朝灭，皇家官方还一直使用秦篆，汉隶的产生在民间，隶书有人说是奴隶所写的，这没有错，其实就是老百姓。如果说篆书有点像画字的话，那么，隶书就显出了书写的意味。从符到甲骨文，到金文，到秦篆，再到隶书，从这些信息里我们可以读出，汉字的体象笔画还在减损的过程中。隶书情气纵横开阔，体势外凸，笔画粗细浓淡，曲折回环，显出了一种粗头乱服的率性。隶书结体的简约在三国期间发展成了楷书。隶书笔画的痕迹中透出了枯、涩、浓、淡的机化，墨色的机化与行气的纵横回环，在汉末发展成了章草。隶书承前启后，极富开启性。

现在我们都说自己是汉人，汉人是什么人？就是汉文化精神所孕育的人。那么汉文化的精神又是什么呢？你只要读一读汉赋，去西安看一看霍去病的石雕，有闲暇还可以了解一下霍去病这个小伙子，汉文化的精神就尽在不言中了。

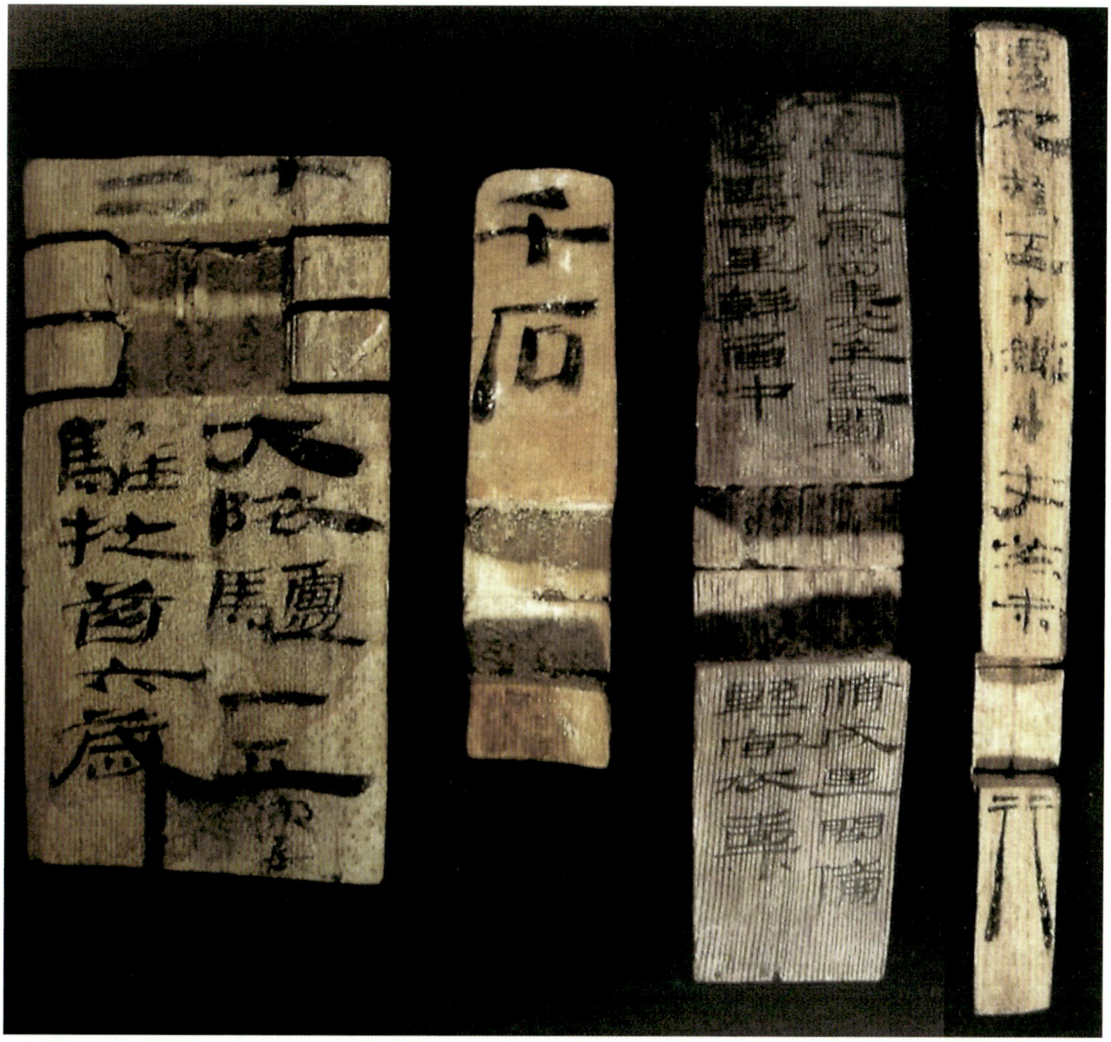

隶书　汉

唐楷

唐楷不是唐代化生出来的，楷书的生成在三国。楷书是中国文字简之至极的代表，损之又损的文字化生到这时画上了句号。“永”字八法把汉字定格了，唐人把它作为楷模向全民推广。

李世民这个皇帝很了不起，在位的时候推广简化体楷书，使它成为那个时代的典范、楷模。楷体作为印刷术的标准字体，大大方便了中国文化的传播，孕育出成千上万的读书人，使得中华民族全民素质迅猛提升。更有意思的是他把大书家王羲之立成了“圣人”（书圣），而且自己还成了他的铁杆“粉丝”，以至于死的时候还把他的书作带到地下陪伴自己。李世民是痴人吗？不是的，他是一位识得中国文化的好的皇帝，一个热爱并践行中国文化的赤子。

文化的魅力在于它有化育力，如电如露，无踪无影。人天生就有好奇心，而中国人对新事物的热爱是高于一切的，喜新是我们这个民族的品性。那个时候，印度文化长驱直入，波斯和希腊文化也伴随着商队进来了，如果在这个时候，上层社会的最高统帅把不准自己，一味地拿来，那么景观不可想象。我们知道李世民与唐玄奘的关系非常不一般，有“御弟”之称，可他没有跟唐玄奘去学唯识，相反，却每天在家舞弄笔墨，我们先不去议论他是否有定见，事实告诉我们唐代朝野上下都爱书、习书，琴、棋、书、画、诗、词、歌、赋，是士大夫精神生活的依托，这一点是可以确认的。唐穆宗李恒凭借自己的直觉，从王羲之的书道作品中看到了一种生命境界，这个生命境界是什么呢？就是“致中和”。他问柳公权书道的法是什么，柳公权告诉他：“心正则笔正”。心正则笔正，是唐人修习书道的心要，唐人借一管笔升华自己，化育自己，从日常生活中找到了最简单的形式，用以达成至高的精神追求，太经济了。

楷书《竹山堂连句》 唐 颜真卿

草书

书道不是写一手漂亮的字，书道是借字发生命之情气，显生命之情怀，笔底下要决出的是生命精神。

草书由章草化生而成，这个书体的诞生标志着中国人从文字里生出了一种专供以表达心性的艺术形式，你是否识得草书的字意这不重要，重要的是你从那些纵横回环的笔迹里能见到生命流动的气韵与天地化变的气象，还能见到书写者的灵魂安住在那里。书家无错字，指的是草书，不是指书家有特权，可以写错别字。草书生成的特点与文字的特点不同，首先笔画与笔画之间要可以回环，像打太极拳。有了这个回环的体势结构，下面就是点画与点画之间可以连接成一个整体。有了这一特点，作书的人就可以一气呵成，笔断气连，气断意连，意断神犹连，这是草书特有的艺术魅力。只是学习它要专门背记草法，只有少数人愿意下这番功夫，不便于普及，只能是专家所为了。

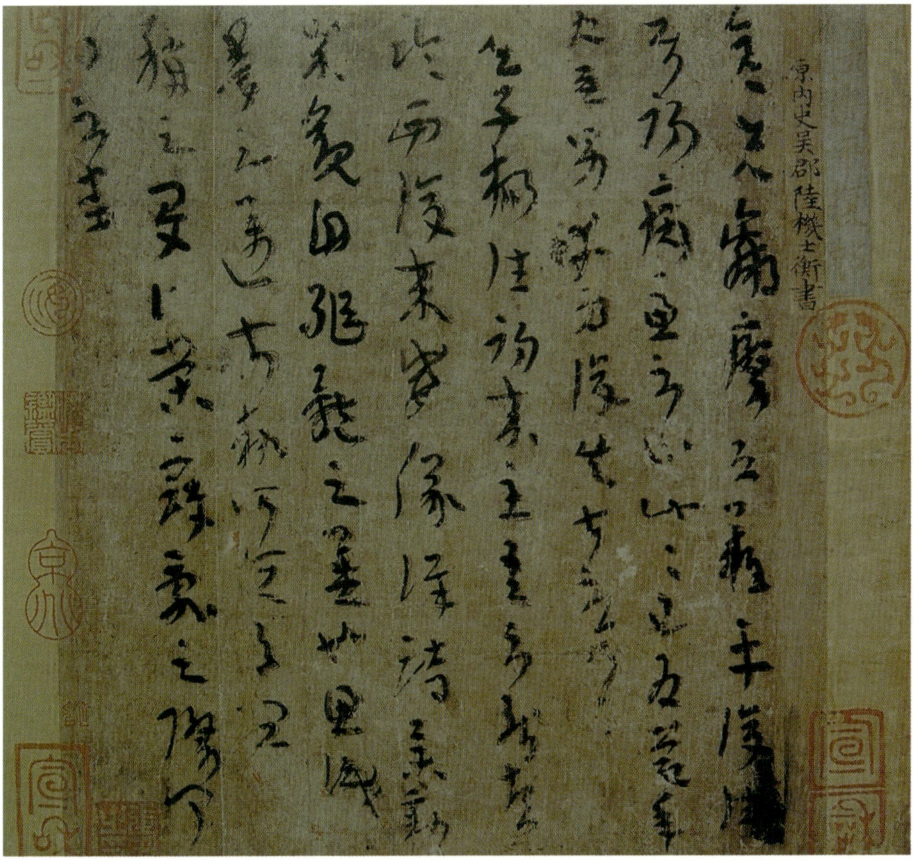

平复帖　三国 陆机

读《平复帖》，扑面而来的是混混沦沦的“息”动，每个点都在动，每一画都在动，古人形容如“群鸿戏海”。什么是群鸿戏海呢？如果去过鸟岛的人都会有这样一种经验，那就是傍晚万鸟归巢的时候，只见海面上方无数黑点在律动，这是《平复帖》给我们的第一印象。细观之，点画不知起止，笔笔断而通幅却是一气呵成。再细观之，点画枯涩浓淡的笔气墨韵如血脉流动，气韵极为生动。

张伯驹先生变卖家产，把这幅书道佳作留在了中国，感谢他！

行书

行书在魏晋时生成，它的出现使得识字的人都可以拿起笔进行书道修习了，再也无须去背记那个难记的草法。

行书依于草书点画的通达与无碍，点画可以一气贯穿，但它又据于楷书的字形，只不过把点画与点画之间用气连起来，这一下好了，有人气了，它可以让那些不识得草书的人读懂。王羲之创的新书实际上就是行书，他老人家这一举措使得那些在草书面前望而生畏的书道爱好者一步就跨进了书道之门，这是王羲之的贡献。

从变易到简易到不易，这是中国文化的用心之道。王羲之传世的作品中，章草写得好，草书写得好，楷书也写得好，他创新书（行书）是要给大家开一扇方便之门，让人人都可以步入书道，多慈悲啊！简易不是简单，而是方便。当今社会艺术形式丰富多彩，可是又有哪一种艺术形式可以统摄人的生命气韵与天地之道，还要能从中见人呢？没有啊！学习中国文化，古人用一管笔就可以了，可是，今天的我们却把这管笔搁置在案头，上面落了厚厚的灰尘，甚至把它给忘了，可惜！

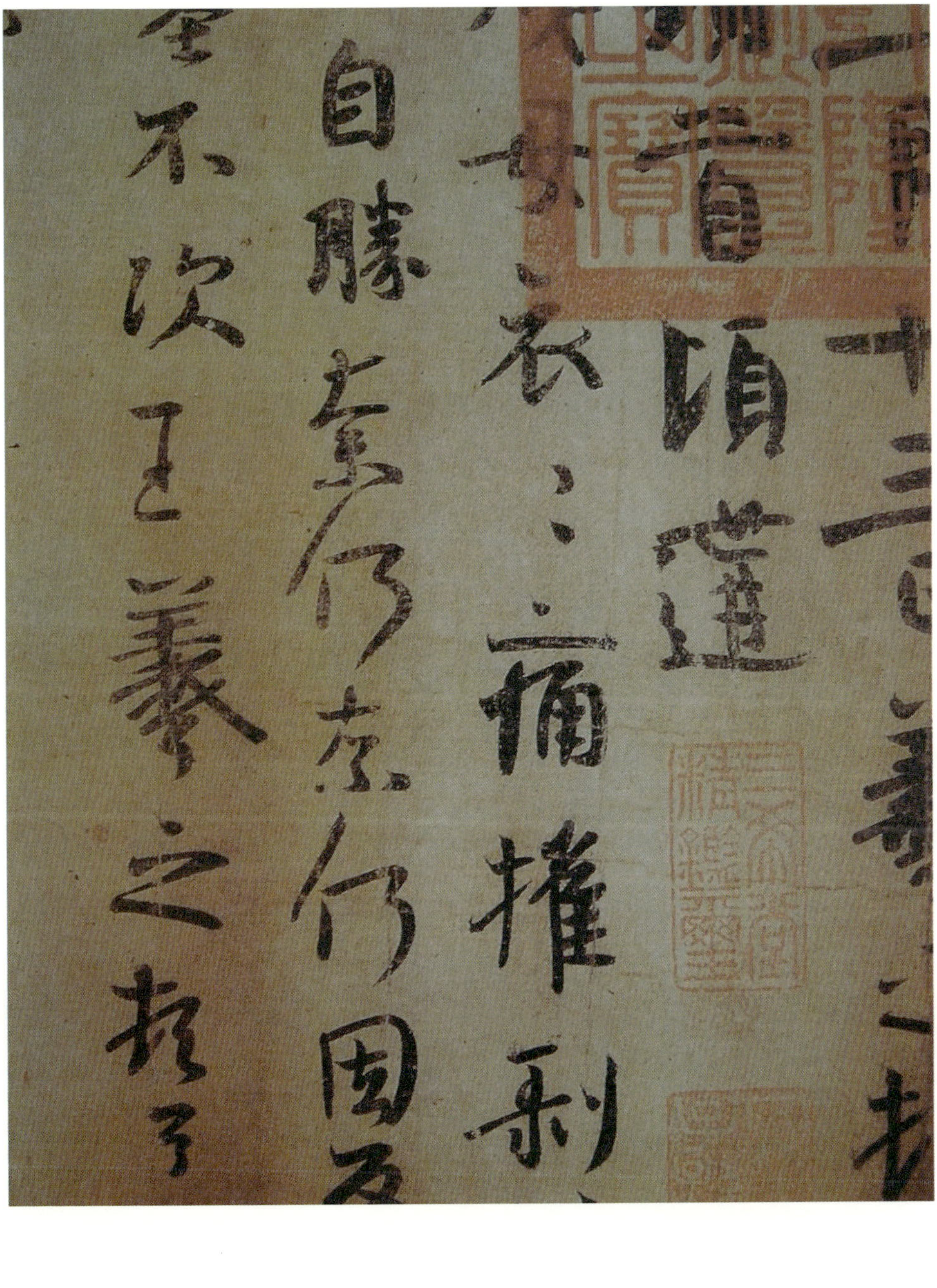

文房四宝

文房四宝是工具，也是材料。古人称其为“宝”，自有其中道理。

记得老师生前跟我说：“为人、为学、为道的过程，要识得自己点点滴滴的好，发现自己的缺点，纠正它，比较容易；发现自己的好，在这个‘好’的基础上不断发扬它却是件难事。”现在自己上了年纪，听懂了老师的话。在中西文化交媾之际，识得中国文化的好，难；识得西方文化的好，同样也难。但是我们不能知难而退，要深究它，辨明它。

笔、墨、纸、砚，和中国人用筷子一样，用了几千年没有变过，只要这个东西不变，这个宝贝就会绽放出它们的异彩，利益我们。

笔

古人视笔，如娇妻，脱几根毛，心都会碎，珍爱之极，难以言表。他们用的笔锋钝了，毛脱了，绝不轻易丢弃，他们要把它藏之于地下，甚至还为它立碑（笔冢）。把笔当成有生命的，并与其他生命体同等对待，这不是中国人痴、愚昧，而是笔能帮助一个人正其心，修其身。

中国人画画写字用一支笔就够了，一局小画或一幅字舔上一两次墨就足以完成，非常之方便，它不像画油画，手里要捏着一大把笔，换来换去。“工欲善其事必先利其器”，毛笔的生成从岩画的石锥到彩陶的树枝，后来变成各种兽毫，直至我们现在普遍使用的羊毫，这之间经历了一段漫长的化生过程。中国人选择毛笔，没有选择硬笔，旨在柔毫可达心传气。软笔毫发之柔高度敏感，落于纸能传达出力的无穷层次。这与生命自然状态是契合的，所以，古人用笔，需要将手、指、笔合为一体，传达出与生命状态一致的气。一支笔像一个人体，有头，有腰，有根，笔锋触纸能柔毫刚用，笔在纸中行，还可以粗细曲直、长短刚柔，任由化变。它所显的墨色枯、涩、浓、淡，滋厚、松毛，可以变化无穷。一支笔能统摄天地万变的气象与机趣，了得！

现代人谈文化慧命，谈得很含糊，其实很简单的。你选择了硬笔，而不再用我们独有的毛笔，那么中国书画的慧命也就断了。就像你把古琴文化只看作是音乐，把毛笔当成了油画笔去使，中国文化的慧命就这样被一刀刀地革掉了。

墨

墨从矿物质到墨炭粉，后来用烟尘加胶制成墨锭，这是一个从“粗”到“细”的演化。它与毛笔不同，毛笔是由“刚”转化成“柔”的过程，其用心不一样，功用也就不一样。

中国书画是用墨来显天地化变之机的，白纸黑墨定。黑、白二相所显出的是气机、气质、气韵、气势、气象，它和我们现在所说的黑、白、灰有着截然不同的用心。古人说“大力在虚处”，那个“虚”的地方古人又说它为“妙境”。中国人很有意思，明明写一个字，画一朵花，却偏告诉你不在所显的墨痕里找营生，相反，他却要说在无墨处。那么，我们来问：古人要我们从无墨处看什么呢？简言之，看的就是在墨相中所生化的“气韵”。气韵在笔墨关系里，也在笔气墨韵中，但你又不能把它看实了。墨黑如漆，淡如白玉，从浓到淡层层化变。墨用砚台磨出，调以水，再用毛笔吸入写在宣纸上，它要显出的是我们这个气化的世界，古有“一墨含万彩”之说。现在数码相机替代了以红、黄、蓝三原色所显影的化学胶片，它也是用黑、白二相的深浅显出七彩世界的。所以，我们要知道古人称文房四宝，到底“宝”在哪里。

天然如意

纸

笔的演化是刚柔；墨的演化是粗细，那么纸是怎样演化的呢？

从石壁、木板到帛、绢，最后从粗纸演化成了我们现在的宣纸。宣纸高度敏感，受墨如印，它的演化过程是从麻木到敏感。可以这样说，现在人类还找不出第二种纸可以替代宣纸。前辈书画家在宣纸上写完字会拿起来非常自豪地对人说：这纸上显出的是我的心电图啊！笔、墨、纸、砚，合力运作、水乳交融，呈显出了中国人的心象世界，我们引以为自豪是很自然的。笔、墨、纸、砚，伴随着中华民族“参天地之化育”的文明进程，一次次地被改造，一次次地被取缔，最后以其独有的魅力深得我们民族的爱戴，没有它们，就不能清晰地承载千年以来中国人心性的品德，离开了它们中国书画也就不复存在了。

在艺术中，材料、形式、手段、内容，高度统一，这是必需的，中国书画的内容要显出的是人的生命气韵，笔、墨、纸、砚恰恰反映出了中国人的用心和对待。

砚

笔通过墨把气注到纸里去，宣纸凭借着自己高度的敏感把笔气墨韵托住、定住，那么砚在这里起什么作用呢？它怎么就成了四宝之一呢？

小时候听长辈说，民国时候，在我的家乡有一位书家，女儿出嫁后就不再写字了，如果有人要求非得他写，那么他的条件是要把他的女儿抬回家给他磨墨才肯动笔。现在人听了这件事也许不解，磨墨还非得专人吗？心里会念叨，讲究得也太过分了！中国文人内心的讲究是一种要求，这要求就是要穷物性之极。古讲弱女磨墨，慢悠悠的，手虽无缚鸡之力却能把墨磨得细腻且均匀。一位老到的书家一旦习惯了某一种墨性，让他更换他便得重新适应，否则不能入细传心。现代人写字大多用墨汁，因颗粒过细墨韵漫化，聚不住笔气，写出的字缺乏神采，都是因为我们不再讲究了。

端砚发墨稠密入细，是砚台中的佳品。不要小看一块石头，那是中国文人千百年来从成千上万的石头中精选出来的。古人得一方砚台，如获至宝，那是因为砚可以成全墨的所有品德。

无用之用

从伯牙觅到知音，后又砸琴的那天起，宣告了夏、商、周三代乐教的结束。礼崩乐坏结束的是周王朝的文化对待观。春秋战国，群贤辈出，百花齐放，百家争鸣。魏晋期间，士大夫舞文弄墨，借以畅神进道。唐李世民凭借着自己敏锐的文化直觉尊奉王羲之为书圣，从而开启了唐宋两代借书画艺术“开群生万物之情气”的诗性文明。

要了解书道，不读一读先秦的《乐论》就难以了知古人的艺术对待观。书道承前启后，承的是先秦的乐教精神，启的是唐、宋、元、明、清历代格物致知的用心。宋高宗赵构有“凡五十年间，非大利害相妨，未始一日舍笔墨”。唐至清，上至帝王将相，下至平民百姓，都借笔墨以自娱、寄情、畅神、进道，这绝不是偶然的。书道之为旨在依于气，据于律，成于神，止于至善。就个人而言，它是可以用以正心、修身的法门，主内；就社会而言，它可以用作调心养性的精神食粮，主外。内外互生，相互砥砺，书道成为了中国人“无用之用乃为大用”的精神法宝，一直承续至今。

书道对待观

“心正则笔正”，“人品不高，落墨无法”。

书道作为“游于艺”的用心之道，它是要建立起中国人观看天地人生并获得良知良能的自觉，这是一条水归其壑的觉悟之路。

“人法地，地法天，天法道，道法自然”，显然“自然”这两个字不是指现象界，而是一言统摄天、地、人、道这四维的精神，用一句平常的话来表达就是：“自然”这两个字可以把它理解为“就是这样”的意思。古人要用一管笔来拟太虚之体，其旨在于想通过一管笔统摄天地人生的精神，他们要让笔出乎自然，让笔决出“就是这样”的天、地、人、道的精神。

力

“身清净故心清净，心清净故身清净”。修持书道首要一着就是要觉受身心能量的运作，通过笔、墨、纸所显现出来的痕迹，观照自己身心的状态。笔、墨、纸呈显出来的痕迹就是笔墨精神。而如实呈显笔墨精神的能力，我们称它为“法”。掌握这个法的技巧，我们称其为“法姿”。

执笔无定法，指实掌虚即可。运笔发力要求得笔的自重力（杠杆力）、人的巧力（提力、按力、顿力、挫力、旋转力、冲力、惯性力、炸力）和笔在运动过程中的机变力（翻弹力、涌动力、自震力）这三方面力的合力运作。力是能显，趣是所显，把注意力集中在力上，是书道实证的功夫；把注意力集中在趣上，是审美、是营取。描、涂、抹、刷是不会用力之为。

劲

在运笔发力作书过程中，感受关节、肌肉、身形的状态，是对劲的体证。劲是全身之力运于笔尖的训练，当你实证到全身之力运于笔尖，身心通泰、虚灵，便掌握了用劲。古人讲“力不出尖”，就是讲的全身之力（整体力）。这种力是从脚跟发出来的，它传遍周身。做到这一步，身心能量就入细了一步，这是“致广大”的开始。劲是全身之力（整体力），把注意力集中在身形整体的状态中发力是书道实证的功夫，把注意力集中在身形局部的发力则是拙力、蛮力。

气

生生不已之动谓之气。气无大无小、无内无外，遍布周身，心动则气生。古人有“意到气到，气到力到”。气以身传，而意能率气，这是身心合一的能量。掌握用气是书道关键的一步，它也是身心能量在书道修习过程中进入精微的显现。书道重“气韵生动”，其旨在于要求身心能量“致广大而尽精微”，故古人把作书运笔的方法称为“骨法”。

所谓骨法，指的就是要显骨、肉、筋、血、气、神为“一”的呈显。熟练掌握了用笔墨发力行气，也就初步实现了“心物一如”的境界。为书得了气，多数人自鸣得意，岂不知任运使气是身心能量的滥用。到了“气”这一层境界的人，切莫把脚步停下来，还需百尺竿头，更进一步。书道之旨在于发挥良能、变化气质，陶冶性灵，不断地超越自我的局限。

意

万念俱息，心生而无所住，是意之旨趣。意是说不清楚的，粗疏地说，是天性的发动或身心知觉力。怀素在他的《自叙帖》里用“心手相师势转奇，诡形怪状翻合宜，人人欲问此中妙，怀素自言初不知”描述了意之难言。然而，意在书道修持中却又高居王者之位。古人把书画艺术简称为“写意”，那是要告诉我们，命笔作书全听从意的指挥，但意又不能简单地理解为意念、意志的意思，而是要深入体会全身筋肉松和、空灵之后的那个忘我的“静照”之状态。“法在无念”就是指的这个。所以，意是书道的心要，是书道精神核心的核心。不假思索、率然成章，就是意。

象

诸局部之合谓之象，心光一亮谓之象。“大象无形”的象。非照相镜头可取。王国维在《人间词话》里用“象在而遗其形，心生而无所住”来诠释“心生之象”与“应物之相”同在的运作之境。中国的诗与文是在造象，书画、建筑、雕塑、音乐也是在造象，中国文化艺术就是在为我们这个天地人生造象。书道之功用就在于代天立言，代一个世代立言，故稀有珍贵。古有“倾国不换”之警语。

神

天、地、人之位，谓之神；身、心、灵之境，谓之神。神也可以说是天、地、人“一以贯之”的精神显现。神因人心而有，除人心外不存，它是生命知觉力的产物，人通过“游于艺”的创造，心物凝聚于一界之中，我们可以从书画中、音乐里、文章中真切地感受到它那不言的存在。“书道玄妙，不可目取，只可神遇”，这是古人对书道精神的批注语。修持书道，体验神遇之境，就是书道的自觉，用现在的话来说就是“认识自我”。古时一个人死后会把他的名字写在牌位上，摆放在宗祠里，称其为“神位”。所以，神者位也，它可以说是一个人生命人格的全境，书道作品就是一个人生命全境的“神位”。

执笔

执笔无定法，但有一个基本的要求，就是指实掌虚。很多人拿笔死用力，这是不行的，这支笔扶住就可以了，不能用蛮力，用蛮力，气就会滞涩在手上。

执笔实际上是扶着它，让笔跟你的手形成一个整体，笔成为你手的延续。那么，手扶着笔该怎么用力呢？我的老师给我做了一个比喻：就好像老太太拿着线穿针，正好从针眼穿过去的那点劲就行。老太太穿针能用多大的劲呢？穿针不需要多大的力，就是扶着的那么一点力。执笔也是一样，刚好扶住笔就可以了。我们都听过王献之的故事，传说王献之写字，父亲羲之悄悄地靠近他，在他背后去拔他的笔，居然没有拔动。这个故事非常容易被误解成献之执笔紧，连人都拔不动，岂不知这种理解正好相反，他执笔是很松的，只是在他手下这管笔与心弥合了，所以，高度敏感，一碰便知。

运笔

运笔无定法。我的老师把运笔比喻成在地上打陀螺，陀螺对应成笔的自重，鞭子的抽打对应人的巧力，陀螺旋转的机变对应笔锋自行产生的翻弹力、涌动力、旋转力、自振力。要做到笔在手里像陀螺一样旋转起来，没有老师传授方法是不可能的，不下足功夫就更不可能了。黄宾虹先生说“有些人写了一辈子字，笔放不下去”，就是没有获得正确方法造成的。笔一旦放下去了，自重力就产生了，古人把这种自重力比喻成钓鱼的细竹竿，用竹的顶尖在地上划，竹竿一旦被倒置放在地上，竹根的力就会压迫到竹尖，使前面弯曲起来。柔软的笔尖落纸会弯曲、散开，我们的方法是把锋裹聚起来。“柔毫刚用”是运笔功夫。

布气

掌握了执笔与运笔的方法，下了功夫，便能达到“柔毫刚用”，用笔如用刀了。

布气是建立在执笔、运笔的功夫上的，行笔如能做到深刻入纸而得势，那么，布气便成了为书的重要环节。布气是实现“心物一如”的手段，依于气，据于律，成于神，在书作中显现出来的便是无穷变化的生命气机。这个气机古人有着无数的比喻与形容，如“群鸿戏海”、“高山坠石”、“万岁枯藤”、“惊蛇入草”、“香象渡河”等等。蔡邕的《笔论》和王羲之的《题卫夫人笔阵图》都是在谈论布气。

气是生命生生不已之动，它应变无穷，生机华发，根本不能用语言来描述。一个人在书道中要真正把握“气候”（气之状态），必须学会在日常生活中，用自己的生命感应我们这个变化的世界。

书道法要

古人论“书”讲“一点万法齐备”，一笔下去，一切皆在其中。而今天，我要把书道的对待观、法要、心要分开来论述，是为了便于现代人阅读、理解。在中国古代，没有一个会写书论而不会写字的人。大凡落在文字上的书论，皆属对待观，这就是文字知识的局限。拿起笔去实修，去体证，才是书道。

平、圆、留、松、放，是修习书道的笔下要求，也是调心修身的要求，中国艺术首重个人身心的提升，然后才谈艺术品的社会功用，这个顺序是不可以颠倒的。

平

心平气自和，气和心自平。

书道旨在发天地良知良能，笔是手段，身是条件，心是内容，三者圆融无二，是书道践行的功夫。蔡邕的《书论》讲“夫书，先默坐静思，随意所适，言不出口，气不盈息，沉密神采，如对至尊，则无不善矣”。作书先要把心放平，头顶天，脚立地，身形松脱，自然而然。身平、心平方可命笔作书。

气通泰而和顺曰平；笔无滞涩，“如锥划沙”曰平；行气走笔“如老翁之荡桨”、“如农夫之耕犁”曰平。心平气自和，全身筋、骨、肉须松脱空灵，神意清明，把注意力集中在笔尖，功夫下在对气的觉知上，让心、手、眼合而为一。至此，身心和畅，笔下松紧不涩，自然而然。

笔断气不断，气断意不断，意断神犹在。平是骨法用笔的根本，是根基。

圆

气持满而充盈，刚柔得中，曰圆；笔中侧互用，虚实互生，而意取圆，曰圆；行气走笔须一劲含二力（刚柔是，阴阳向背是），曰圆。笔下柔静而有弹性，能方中圆，圆中方；虚中实，实中虚；刚中柔，柔中刚；曲中直，直中曲。至此，身心安泰，笔下浑圆而充实。

笔随形，形随势，势随象，象随心。圆是平的深化。

留

气深沉而凝定，曰留；笔深刻入纸，力透纸背，“如长锥界石”，曰留；行气走笔劲力聚于一点，积点成线，“如屋漏痕”、“如虫啮木”、“如春蚕吐丝”，曰留。至此，身心净定，笔下气定神耀，九牛而不易。

笔“如昆刀切玉”，劲力钉于纸背，是骨法用笔柔毫刚的功夫。留是圆的深化。

松

气含弘光大，曰松；笔松静而内藏眷涌之劲力，应机生发，古有“孤蓬自振”、“惊沙坐飞”之喻，曰松；行气走笔能松是转刚健为雄浑的化变，是变金刚钻为绕指柔的功夫。至此，身心虚灵，笔下劲力得中。

心松、身松、气松、意松、笔松，劲力应机生变，自然生化。松是留的深化。

放

气无所住而随其心，曰放；笔气墨韵生机华发，气象万千，曰放；行气走笔能空去念头，曰放。放是身心能量出于机而入于机的化显，是命笔作书始终“以心应物”的创造，所谓“大化境”，其法在放。

放空才能生有，这是骨法用笔“拟太虚之体”的妙旨，生生不息，无有止境。

以上是对“平、圆、留、松、放”五字的诠释，不可臆解，须字字落实做到。“是法非思量分别所能解”，信受、奉行、证得，心中不存一字，一点万法齐备，一切具足。

书道心要

无意之意乃为真意。

为书重在把心放空，以空应物，笔墨所显，随机化去，由机生发，不执我意。这个“不执我意”正是“天人合一”。

正

心正则笔正。

何为正？正者，心地光明，无有杂染。作书，心之所兴，直笔化去，笔笔生发，旁若无人，宇宙在乎手。

直

直心是道场。

何为直？直者，磊落，坦荡，头顶天，脚立地，真气充满。笔笔生发无一丝软弱处，混元充沛，自由开放。

通

解衣磅礴。

何为通？通者，任运自然，无有挂碍，笔气所到墨韵自化，不加修饰，浑然天成。所谓通达无碍，实是把身心全部交给笔墨。黄宾虹说：“笔要放得下”，那个“要放得下”要放下的正是个人的执著点。

泰

为而无所为。

何为泰？泰者，松放随性，不假思索，不期然而然，莫知至而至，率然成章。

笔毛

笔之德，在能“骨健”。毛要光泽如玉，使用起来需劲健而富有弹性。

古人制作一支毛笔，要从健康的羊身上找到骨健的羊毫，然后要脱去羊毫的火气，这个过程需要借用一年四季的地气与天气交变完成，晚上把羊毫置之户外，早上太阳未出前又要收回，如此这般对待，为的是保全羊毫的骨气不伤，使用起来可以含刚健与温柔，且使用长久。现在我们使用化学制品来脱火，羊毫的骨气容易受损，这种态度是要不得的。没有好的制笔师傅就没有好的书画家，这是相互依存的。古法不能随便丢的，丢了要重新拾起来就难了。现在我们讲“文化软实力”，实力其实是不分软硬的，真正的实力在于人人心正，笔下自能万毫齐力，中华民族的精神必定放出光彩。

书房

书房是中国人用以栽培心地、涵养心性的天地，看一个人的书房可以看到这个人的涵养、气质与人文境界。读书是要思接千载、汇通古圣贤的用心之道。古人对书房用具很讲究，讲究就是自我要求。“文革”期间，一句“小资情调”就把我们所保有的人文要求给抹去了，这是让人哭笑不得的一件事。中国人对文房用具的要求是苛刻的，其苛刻的程度要以元代画家倪云林为最过。有一次，他得了一方古砚，喜欢的不得了，便请友人来家中欣赏，朋友随口在砚中吐了一口口水以试发墨的粗细，云林对此举难以忍受，随手把砚台送给了友人。自古文人多洁癖，文人洁身自好，是生命的内在要求，同样对器物他们也有一种与精神世界同构的要求。

没有自我要求等同于不求进步，文化的进步在于人内心世界的要求，有此要求，方有创造，这是硬道理。

书房　印

活着是对生命的承担，让生命光明灿烂是人自我提升的精神要求。承担就在要求里。

“文责自负”，中国人作文、作画乃至于在生活器物中都要盖上制造者的印，使用金石篆刻的习惯在原始陶器里就有，几千年了，我们在这一小方石料中、铜印里寄托着自己的生命情怀。每个生命来到这个世界都要留下自己的烙印，这个烙印，上要对得住天，下要对得住地。中国古人说“举头三尺有神明”，天知、地知，你知、我知，大家知，不需要有监督的。所以，印是中国人用以自我承担的信物，是良心的信物。

供石

“仁者乐山”。中国人在书房里摆供石，供的是天地之德。供石所显是山之德相，而山之德所显的是承载万物的品性，中国文化精神要化育的仁德就是“厚德载物”，供石绝非一把玩、观赏之物。到户外去捡石头，要观石的精神，雄浑的、虚灵的、冲逸的、高华的等等品位。五代至宋，山水画的代表人物董源、巨然，画风浑厚天真；范宽、李唐，画风雄浑广大……画品所提供出来的精神境界和你所得的石头，所要传递出来的精神是没有区别的。供石是敬仰之物，米芾拜石，拜的是天地精神。

书房　兰

我们之所以把四君子作为中国文化的人格象征，是因为我们从这些花草中观到了一种人应具的品德。千百年来，士大夫文人借梅、兰、竹、菊，寄情畅神，留下了无数的绘画作品。我们写竹画兰，写的不是自己的喜怒哀乐，而是要寄天地情怀，笔笔从胸襟中流出，那是要盖天盖地的。

书房里供上一盆兰，冷香满屋，适心畅怀，多美！

书房　博古架

子思讲为学要“博学之，审问之，慎思之，明辨之，笃行之”。他简括了中国人对待学问的态度，这个态度就是现代人所说的“实事求是”的态度。书房里摆设博古架，我们能从这些架上供的书里和先人的遗物中读出他们的用心。“古为今用”不是一句简单的话，它是要人博览群书，深究明辨，在践行中证得，然后应用于当下的生活，不泥古又能起大功用。

书房　清供

书桌上的文房用具，我们称它为案头清供。我们喜欢在书房里摆弄清供，是因为这些东西可以用以涵养我们的志趣。作为一个人，我们要求这个人文质彬彬，作为文具，同样我们也要求它文质彬彬，这是中国人“心物一如”的文化情怀。现在我们的文具大都塑料化了，不过这些年在古玩市场能淘到现代人制作的文房用品，讲究之心开始苏醒了，这是让人感动的。

“为天地立心”要从小事做起，不要小看一钵一盂，在那里可以看到中国人心中的大情境。

书房　茶

冈仓天心的一本《说茶》改变了西方人对日本的看法，这本书里面透露出一个日本人对中国文化的感恩之情，字里行间流露的那些情怀让我这中国人心生惭愧。

茶道的故乡在中国，虽然我们没有日本茶室庄、净、清、定的氛围，可是我们依然还可以从古画里、天地间和遗留的亭台楼阁中追忆茶之情怀。书房里泡上一壶茶，可以独饮、神思，也可以与友人对饮畅怀，闲养是我们生活的一种好习惯。

书房　琴

通琴、棋、书、画是中国人的涵养，琴生活在书房里已经有几千年了，它能存活到今天，告诉了我们一个文化真理，那就是：好东西是灭不掉的！

琴是我们借以传递心音的器物，也是我们用以沟通天地的法器，书房里供上一张琴，随意拨弄几声，会让你记起自己是什么人。古琴的音韵在人类社会中是独有的，它发出的音响是“大圣遗音”，是“中和之律”，书房里若没有了它，对我们而言好像少了点什么……

我们的生活中不能没有古琴，它是接通中国乐教最直接的通道。

书房　灯

庙子里会供灯，一盏灯象征着一个人的慧命之光，慧命断了，人也就没魂了。古人在书房里也会供灯，这灯象征着一个民族的文化慧命，文化慧命断了，一个民族的魂魄也就散了。孔子作为中国人的一盏文化明灯，后人这样形容他："天不生仲尼，万古如长夜！"

书房　香

唐、宋盛行香道，现在通香道者已寥寥，在书房里焚香可用以澄心、通窍，最重要的是香给人提供了一种妙不可言的神韵。古人说香“掩华如不发，含薰未肯燃”，这是我们崇尚“育而不发”的生命气韵的比兴。

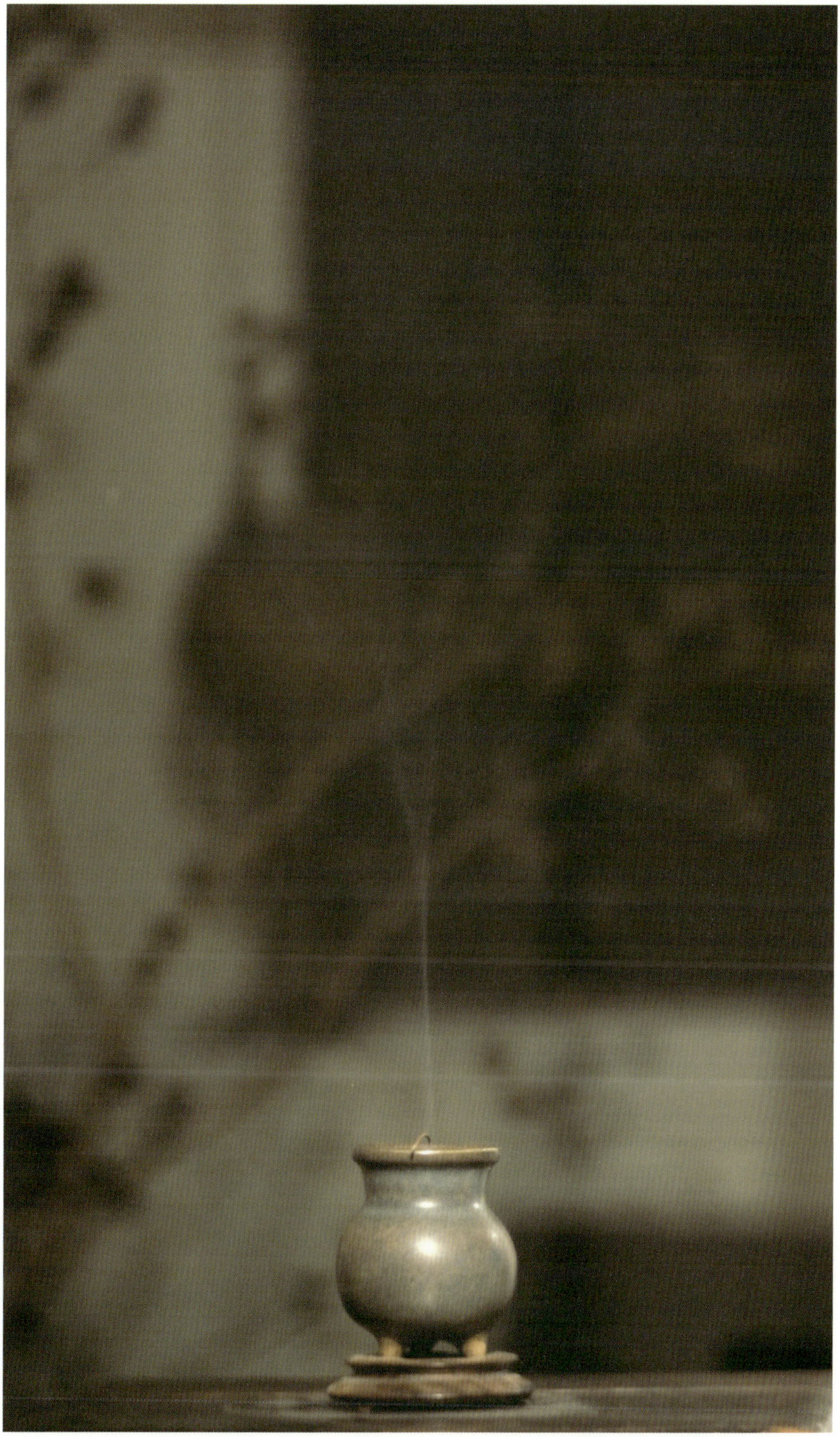

书中见人

经、史、子、集，诗、辞、歌、赋，要“见人”；琴、棋、书、画，医、武、茶、香，要“见人”，在中国文化的画卷中没有一样东西是不要求“见人”的。读《庄子》，字里行间读出的是一个超乎天地之外，入乎天地之内的真人。书中见人，见的是人的精神，这是中国文化的追求。

中国文化要求人从正心、修身做起，然后扩而广之，从一个家到一个世界，这是我们这个民族所持有的文化对待。在中国人的心中，如果人都做不好，其余的就别谈了。柳公权告诉唐穆宗“心正则笔正”，这句话道出了中国人的生命信念，一个生命的圆满是放在第一位的。书道的笔墨精神可以像老中医号脉一样，清晰地读出一个人的生命全境，这是中国艺术高明的地方，值得赞叹。

王献之的故事

王献之是一位非常勤奋的人，每天刻苦练字竟写完几缸水。有一天，父亲羲之看他在练字，觉得还是不得法要，便从献之手上接过笔“啪”地点了一点以作示范，随后便走了。献之见父亲走了，便顺手在父亲点的那点下面写了三笔，成一“之”字。母亲过来看孩子，不经意间看到了这个“之”字，便夸奖献之说：这“之”字的一点很像你父亲，有进步。这就是“一点万法齐备”，一点墨可以统摄一个人的心性精神，骨、肉、筋、血、气、神，皆在其中。

中国人称书道为“骨法用笔”，其妙旨就在于一点墨能透出生命的全部信息。献之的这个故事，就是告诉我们，书道就是这么一回事，并不神秘。

傅山的故事

傅山是明末清初生活在山西的一位书家，也是一名中医。有一天，他看到书房上挂着一幅字，元气全无，精神枯槁，觉得自己已时日不多，便嘱咐夫人准备后事。老太太觉得很突然，莫名其妙，便问他：“出了什么大事？”傅山感叹道：“我的字已形神俱灭！”便牵着老太太去看那幅字。老太太一看吓了一跳，哭着说：“这是咱家大儿子学你的字刚写的。”傅山急忙把孩子叫来，凝神观脉，说：“糟了，孩子真的不行了。”没几天儿子果然死了。所以说，“书如其人”是如一个人的生命精神和生命气质，观其书如见其人。

黄宾虹的故事

解放初期，黄老是政协委员，每年都参加政协会议，绍兴的县长和黄老正好是一个组，闲聊起来，黄老说：“你们绍兴有两个姓徐的画家，很厉害。一个是明代的徐青藤，一个是当代的徐生翁。”那位县长有些见识，听大师说绍兴有这等人才，回去赶紧查。一查绍兴还真有一个徐青藤，是明代大画家，再一打听还真有一个徐生翁，是糊火柴盒、种菜的这么一个人。他就去找徐生翁，说：“黄老先生说我们绍兴有一个徐生翁，明代有一个徐青藤，是大画家，都很厉害。”徐生翁说：“嗯，我比徐青藤还是画得好一点的。”县长一愣，觉得此人很狂，便没多问。下一次开会，县长跑去对黄老先生说：确有徐生翁这人，还颇有点怪，他说他比徐青藤画得好。黄宾虹说：确实如此。黄老先生很谦虚，他那个时候九十多岁，已经是中国第一大家了。他常在西湖边上散步，岳坟前面有徐生翁写的一副对子，他时不时地去拜读那个对子，内心非常钦佩。黄老又接着说：“我现在行动不便，不能前去拜访徐生翁老先生，能不能请他来一趟杭州呢？”县长一听，黄老先生要把县里糊火柴盒的请到杭州来，很高兴，会议一结束就跑到徐生翁的书屋去传话。谁知徐生翁却说：“承蒙黄老先生看得起我，学书法没什么好说的，你就帮我传几句话吧，我人就不去了。我平生有四位老师：第一位是石工；第二位是泥水匠；第三位是我们绍兴的一棵古汉柏；还有一位是《庄子》里面“运斤成风”的木工，木工的功夫很高，在别人鼻子上涂上一点白石灰，斧头一劈就把那白石灰劈掉了，这就是我的第四位老师。”县长听了完全不懂，下次开会时把这些话如实地传给黄老先生。黄老一听，高兴得不得了，并赞叹徐老真是“师造化”啊！

中国艺术在作品中会其人，以人格境界为依归，这是我们民族所独有的对待。现在我们一定要识得这一点的好，否则，涂涂画画，真成了雕虫小技。黄宾虹先生是一位识得中国文化好的人，生前老人家一直呼唤“书画救国”，每天作画不止，直至生命的最后一刻。

近百年来，从蔡元培先生的“美育救国”到高剑父先生的“艺术救国”直至黄宾虹先生的“书画救国”，由此，上续到周公的“六艺”与孔子的“游于艺”，千千万万的中华儿女踏上了游于艺的生命践行之路。格物致知，移风易俗。

林风眠、徐悲鸿、刘海粟、闻一多、傅雷、徐梵澄、沙耆、吴冠中等等漂流过海到西方；鲁迅、弘一、陈师曾、傅抱石、罗振玉、马一浮、经亨颐等等东渡日本；黄宾虹、齐白石、潘天寿、于右任、沙孟海等等在国内，众多的中华英才踏上了一条寻求中国艺事新拓展与再生的路。如果把它拍成一部电影，一定波澜壮阔，摄人心魄。这三群人紧密地团结在一起，互为赞叹，互为激励，书写了一幅二十世纪民族心性的画卷。这幅画卷可以用这样一句话来形容：“发挥性灵，导达心志。”它真切地录入了我们的父辈、祖父辈的血性与生命情怀。如果说上个世纪的民主革命取缔了满清帝制，那么，中国人在二十世纪艺术的拓展事业中已经把我们这个古老的民族架上了人类良心的平台，拷问了……

黄宾虹这样说：“世界国族的生命最长者，莫过于中华。这在后进国家自然是不可及，即与中国同时立国者，亦多衰颓灭亡；不如中华之繁衍与永久。这原因在于中华民族所遗教训与德泽，都极其朴厚，而其表现的事实，即为艺术。”又说：“艺术是最高的养生法，不但足以养我之中华民族，且能养成全人类的福祉寿考也。”多么自信自肯，这是中国文化人的生命自觉啊！

第四章

从书道到安居之道

前面我们用了大量的话语把广大精深的中国人文精神引到了一支笔、一点墨中来，让大家从书道世界里去感受古人的用心之道。在关于书道这一篇章中，我们用图说的形式从一支笔、一点墨演化开去，目的是要通过空间承载物，观到我们眼、耳、鼻、舌、身、意六门喜好（注意力）背后的“系心处”，从中投射出我们民族的人文情怀，并从这情怀中感应到自己的本来面目。

建筑也是一点墨化显出来的。我们可以通过书道来变化气质，陶冶性灵，移风易俗，中国建筑同样可以做到这一点。

诗性的安居

诗性是中国人超然于天地之外，又入乎于天地之内的心性情怀，也是中国人心性的大自由，这自由在我们的人文世界里随处可见。

书道把墨痕转化成极富诗性的生命语言“骨法用笔”，现在我们用书道的对待观来观读中国建筑，把它看成一个人的骨、肉、筋、血、气、神，不过现在留下来的大部分建筑都是明清时期的遗存，这是中国文化败落后的气象，民族文化败落了，那么败落相就会显现在我们的衣、食、住、行之中。一个国家靠千万万个家筑建，而千万万个家又是靠千千万万的人筑建，正心、修身、齐家、治国、平天下，就是这么回事。步入我们的老房子，我们不仅可以观到过去自己的生活气韵，而且还可以从中切到中国人“齐家”的文脉。

风水树

记得小时候奶奶带我去走亲戚，每进一个村庄都能看到村口的风水树，树下总是有许多老人和孩子在那里歇息玩耍，有的大树下还有土地公公的房子，每见到这房子心里总是会升起敬畏。中国文化很有意思，常会让一些见不到的人看管自己的家园，这些人是靠传说活在我们心里的，他们身上的力量也是靠传说传扬出来的。他们就好像是悬在空中的一把剑，若隐若现的在那里摄受着我们的心。一棵千年老树被指定成亲爹亲娘，三块石头一搭里面就活着土地公，万物有灵的文化理念就这样播种到我们心里。

我们可以把风水树理解为文化树，用它可以化育我们热爱大自然的心。自然被破坏了，我们生存的环境也就被破坏了，没有好的环境，人会厌世，不爱生！

门脸

看人先看脸面，看一个家要先看门脸。门脸显出的相，是一个家的心象。

看岳麓书院的门脸，“惟楚有才，于斯为盛”，自肯自信。中国的寻常百姓家，自家的门额上都会写上几个字，借以传达一个家的精神旨趣，这种作风是我们所保有的一种自肯、自信的作风。上要对得住天，下要不负于地，要“齐家”先要有担当，没有讨价还价的。

明堂

看完门脸要看明堂，明堂就像我们的大脑。明堂所显现的是一个家的神思与精神，观明堂上的匾便知其志向，也就是一个家的发心。故宫太和殿上悬挂的匾是“正大光明”，我们可以从中看到一个国家的发心。岳麓书院明堂上悬挂着“学达性天”一匾，告诉我们为学的第一要义在于明见自己的本性，搞教育事业要帮助人明见自己的本性，认识自我，这是一个学校的发心。下面这张图片是江南一普通民宅，“凝德堂”悬挂在那里已经有四五百年了，堂中的家具遵循着先人的习惯规规矩矩地摆放在那里，从未动过，家里还活着一位百岁老人，儿孙满堂，他们饶有兴趣地看护着自家的老宅，这在中国是常见的。

天井

看完明堂看天井，天井是人的胸怀，也是人与天地共呼吸的气口。南方的家居天井小，北方的家居天井大，山西的建筑天井所占的空间远远大于建筑实体所占用的空间。一方水土一方人，各地方人的胸怀各有不同。安徽一带的家居天井四周刻满了木雕，家家不同，里面刻的人物、故事显现着主人各自不同的梦想。

天井是中国人的梦想之地，孩子们在这里畅想，老人们在这里神游，总之，中国人喜欢观天，在无际的虚处寻觅充实自我胸襟的意韵。

剛健中正

窗

窗在建筑里就好像人的眼睛，眼睛是心灵之窗。中国建筑的窗户纹式五花八门，在这小小的方框中，不夸张地说应该有上亿种变化。每一扇窗户都寄托着主人的心灵世界，窗花与光韵互为舞蹈，变化着如梦如幻的风韵，人有了浪漫的观看便有了浪漫的生活。

花园

花园是风情，四季的变化弥漫出风情万种、气象万千的情气。中国人要把这动人的气韵容聚、含藏在一人文的小天地里。亭台楼阁、花团锦簇，经营编织着自己的风情，始终保有自己心性的高华。中华民族从来没有停止过对心性高华的赞美，我们寄情山水，寄情花鸟，视万物如同己身。世界上没有一个民族的绘画主题在千百次地重复着山山水水、花花草草。

梁柱

梁柱是骨骼。营造建筑和写字是一样的，横竖笔画构成一个字的基本体势，回环转折把一个字的体势运活。笔墨作为基质，与建筑材料相同，服务于整体的精神。“积健成雄”、“强其骨”，是书道结体的要求，也是中国建筑营造法式所遵循的。

骨气的外凸与内靠决定一个字的形貌，建筑风格的形貌同样也取决于骨架的构势。南方的家居建筑与北方的比，体势呈内靠型，显得局促一些；而北方的体势呈外凸型，内部空间要大得多。中国人称书道又为“容势之学”，那么，我们的建筑法式就更是“容势之学”了。体势与体量要找到融洽的关系，互为生发，如果一味地去追求建筑体量的宏大，而不识得体势的运用，这个建筑便会显得空乏无味，就谈不上“充实之谓美”了。

墙

墙是肌肤。滋厚润泽的墨相是书道刚柔相济的要求。中国建筑的墙体、墙面是非常讲究的，它要求健劲中含松透的润泽之气。宋唐以前的建筑墙面会涂上各种颜色，灿烂而富贵。当然，给建筑穿衣服是要讲究的，红色居其中位，沉稳而庄重；黄色发散、活脱，可使整个建筑明豁虚灵起来；蓝色深沉寂静，使建筑显得庄、净、稳、定。白墙黑瓦这种简单的对待是在持守，那是明清以后的事。中华民族的心性是灿烂的“太华”之境，绚烂之极要归于平淡，平淡之极却要显出灿烂的天真。所以，在书道作品中我们把“平淡天真”作为最高品第的理想。

回廊

回廊是经络。柳公权的字以“丰筋”为胜，对经络的感悟在书道中是极为重要的，一个字的气韵风神和经络的存在密不可分。建筑如果不通经络的妙用，那么，这个建筑就如同死物，哪有生动可言？

回廊在中国建筑中起着串联整个建筑群气韵的妙用，不能把它简单地理解为无效空间，或理解为避雨、防晒的地方，没有回廊穿插互通的功用，就好像一幅字行气如布算，通幅显得僵死无气。观公孙大娘舞剑，让我们的祖先悟得了书道的磅礴，而中国建筑使用回廊的这一艺术对待，使一个家贯通，一个村贯通，一个城贯通。建筑师贝聿铭先生把这一对待观运用到卢浮宫的改建工程上，从而使这座被隔居的西方建筑有了东方建筑的活气，成了一个整体。

水榭

水榭是血脉，书道如果不善用水，笔气墨韵将是枯乏之物。善用水者可使书作笔笔生辉，笔气墨韵朗润温泽。中国人喜欢临水而居，引水入园，不仅仅是求家居中金、木、水、火、土五行俱全，更在于借水之性克火之燥，生木之华。在家居中营造水榭，挖塘作池，既有避暑纳凉的功用，也可以涵养一个人的润泽之气。现在中国许多村庄、城市忘失了这一妙用，显得很燥气。

檐

檐是气。气在书道中是可感不可言的东西，其作用力无处不在，是精神的载体。依于气，据于律，成于神，止于至善，这是书道的对待观，中国建筑也是一个道理。一个家居的建造者如果不懂得一气、一味、一意、一象，那么，这栋房子就谈不上“养人”的功用了。扩而广之，一个村庄，一个城市，一个国家，如果它的建造者不懂这个道理，建筑物就谈不上移风易俗的功用了。

檐在中国建筑中表面上看起来好像只用于遮光防晒、挡风避雨，但它更为重要的是能使整个建筑群的边际与天弥合，这是伟大的文化功用。书道结体讲“挑夫争道”、不即不离、闭合有序，在建筑中也是如此。檐的运用从建筑实体的外形来看，一座亭子，一座庙宇，一座民居，远观之很像一棵雪松树的外形，气势非常洋溢，这种洋溢之势与滚浮的云朵镶嵌在一起，极为和谐。中国山水画把建筑与自然融合成了整一的韵律，这是中国人心性之使然。“以他平他谓之和”，现在遗留下的许多明清建筑群完完整整地保存着我们这一用心之道。弄堂的一波三折，屋檐的沉浮跌宕，把整个村落的建筑编织成一个有序的整体，如同一个建筑。书道作品虽然是一个字一个字写出，可是它那种笔断气连，气断意连的用心之道在我们的建筑中得到了自觉运用，这不是一件简单的事。一个和谐的社会，要求每一个人在日常生活的点滴之中去培养，使得我们每一个人都具备善于和谐的能力。否则，城市中的建筑群会一直像搭积木一样互不相干，“人和”之气会被长久地阻隔住。

顶

顶是头发，收气用的。写一个字如果结顶结不好，这个字就会散乱，一个建筑结顶结不好，神就散了。五台山唐代建筑南华寺结顶结得非常有气势，唐人精神扑面而来；山西大同上下华严寺的结顶体现了宋辽人的风神；北京故宫的结顶显现出明清皇家气象；浙江诸葛村的结顶体现了明清百姓的风韵。结顶结不好，蓬头垢面，就好像一个人没相了。我们看家家户户的顶各不相同，体现着每一户主人各不相同的精神风范，但是我们的建筑群不同风格的房顶在一起却能做到“以他平他”、“和而不同”。

顶是中国建筑与天弥合的艺术对待，是“天人合一”的文化理念在建筑中的具体体现。

基

基是脚。书道讲“入木三分”，笔气墨韵才能定得住。建筑的“基”要沉稳有力、要牢固。我们对地基有许多讲究，防潮避湿还要透气保活，不能把地气给封死。家基要稳，是我们“齐家”的首要条件。一个孩子降临到一个家，成长的先决条件就是正心、修身，没有这个前提，家基不稳。一个国家的国基就是立人之文化，没有了以生命为根本的文化建设，那么这个国家的国基就不会稳定。

中国传统文化平实的大地上是用儒、释、道三根顶梁柱支撑起来的人文大厦，艺术作为生活方式使这座大厦充沛丰盈，具备了骨、肉、筋、血、气、神的具体内涵。现在我们又把西方文化这根柱子请了进来，因为托举这根柱子的柱础所使用的材料过大、过高，把建筑整个拎起，使得我们建筑的接榫松懈，甚至脱榫，“力过伤韵”，造成了不和谐。只要有一天，我们识得了中国文化的好，把儒、释、道三根顶梁柱下面的柱础换成与西方同等体量、同等高度的柱础，那么，我们这座建造心地的人文大厦就平衡和谐了……

人类都是饱含着对祖国文化的依恋和自豪感而活着的，饮水思源，落叶归根，真挚情深！

青藤书屋

青藤书屋是明代大才子徐青藤的家。此人经、史、子、集，诗、词、歌、赋，琴、棋、书、画，样样精通，生前做过军师，写过戏本，有人说他是中国的莎士比亚，这是比附。

明代重文教（文化教条），不重文化，文人生活极不自由，创造力被压抑了。现在我们看到的明代家具重法式，不重法脉，师古人之迹，不师古人之心，毫无生机。中国文化要苏醒，应该多关心文脉，人们在保存文物的行动中，应该把注意力集中到承传法脉这件事上来，这才叫有正见。

青藤书屋占地面积过亩，不大，小小的门脸显出了青藤生前的低调。推门进去大半空间种上了竹子，右上墙角芭蕉林立，正墙堆砌的假山上方写着青藤手书“自在岩”，山石的狭缝里种满了天竹。这种建筑的格局有点像北方人的对待，院子比房屋占地要大，我们可以从中看到青藤的胸怀。往里走，一圆洞门，门口一井，门额上题着手书“天汉分源”四字，体现了徐青藤天大、地大、人亦大的情怀。入门洞，见徐渭手植青藤一株及一方水池，池不大，水清无染，池中的石板上刻着手书“砥柱中流”，足见徐渭自肯、自信的个性。他取号“天池”，我想这一小方水池在他心中就是天池，小中见大，这就是青藤书屋的明堂了。入室见一小书房，格局不大，可想当年足够雅净，从书房进去又是一屋，生活起居之处，把四扇门推开迎面而来的是白墙中显出的两株桂花树，香气扑鼻，充塞满堂。小小的空间被我们的青藤先生一摆弄便显出了文气，所以我们现在要知道文气是一个人生命中发于外的生命气息，不是用一些文物就能装点得出的。

观读文明遗迹，可以读出在各个时位中人的心迹与生命处境。宋灭入元，中国人文的精神不再作为主流文化的旗帜，蒙人在朝九十七年，汉人连自己的姓氏都不能用，谈文化发展更无可能。虽然有许多像赵孟頫这样的文人入朝参政，可是我们见不到元代主流文化所创造的文明。元曲和元代绘画作为那时的人文力作，其创造者大多出自落魄文人与在野的士大夫手中，元代画家倪云林被蒙人折腾得留下了“开口便俗”的无奈；郑思肖写下了“宁可枝头抱香死，何曾吹落北风中”的题画诗，晚年画“无根兰”，借以表达国破家亡的哀思。文明与野蛮，在人类发展的进程中始终以其独具的内力抗衡着，正所谓“道高一尺，魔高一丈”。文明占上风，天下治，野蛮占上风，天下乱，这就好像一个人的正念与邪念，看哪一念占上风一样，没有一个定势。

元人并没有真正生活在中国人文的精神里，九十年的文化断代，明清人也未能真正承续汉唐的人文精神。元四家画作冲逸清冷；明青藤、八大山人孤寒恣肆；清扬州八怪、海派四家疏离中显媚俗之气，这是中国文化衰败的气象。可以说，这七百年来中国文化的慧命真可谓“命若悬丝”。读明清家居建筑，当你步入这些空间的时候，会被一种简净孤寒的气韵所笼罩，虽然它还善存书卷气，可是，汉之雄阔，唐之灿烂，宋之典雅已无影无踪了。

现在我们已经迎来了人类文明的新格局，不需要有包袱，我们完全可以像一个新人一样站立在千年中国文化的沃土上，重建自己的信念。把注意力集中到文化产业这件事上是人文复苏的第一步。但是，我们更要把注意力集聚到汉唐文化的世界里去，“取法乎上”借以开启自己。

第五章

说说游学

中国人读万卷书而后行万里路，是要到天地间去读无字天书，“观天文以察时变，观人文以化天下”，把“文化”这两个字在自己的生命里激活，成就自己的生命精神。

“大学之道在明明德，在亲民，在止于至善”，这是老祖宗给我们制定的文化对待观，没有什么可讨论的。

师天地造化

我们前面用书道的对待观来观照中国的建筑家居。一支笔、一点墨往外化显成为我们赖以安养生命的家居景观。那么，一支笔、一点墨能不能化显到天地中去呢？当然是可以的。

“外师造化，中得心源”，这是古人留给我们阅读天地这本无字书的心要。古人讲“可观、可游、可居”。观看世界的维度不同，人们的世界观就会不同，遨游在自己所观的维度里便成了我们的文化生活。“可观、可游”好理解，“可居”是指什么呢？古人观公孙大娘舞剑参悟了书道，听江涛、松涛声参悟了书道，王羲之养鹅、米芾拜石、青藤栽藤等等奇怪的触发与感悟，他们到底在搞什么名堂？

近代画家黄宾虹先生在四川游山看到雨淋墙头，月移壁，画风大变；晚年得良渚古玉，观玉钙化“鸡骨白”，悟得了“画要画白了，使之光化、气化”；在西湖观水下莼菜条，悟笔墨刚柔相济、得中，九十岁还请教同辈徐生翁先生“师造化”的用心之道。天地这本无字书把我们这些前辈的心紧紧地系住了，外师造化成了一堂没完没了的课，无有止境，好像没有了居所，其实这个没有居所正是“中得心源”的秘旨所在，也就是那个“可居”的地方。读《易经》，你把“变易”、“简易”、“不易”三“易”中的这个“不易”看作是不易的，那么，这本书就被你读死了。心之所感刻刻常新，只是我们要把那常新的“一刹”做到自明、明明了了就可以。

“观乎天文，以察时变”、“外师造化”是中国文化参天地而化育的心要所在，中国文化要求一个人始终保有对天地万物的好奇心，旨在要我们借天地的精神化育自己。当我们把天地间一朵适心的花观成是自己心中绽放出来的，用心“游”进去，让花和心无有半点空隙，那么，心物就能一源了。当我们把一件古人留下的器物观成是自己做的，也用心“游”进去，那么，古人的心迹便与你的心迹合而为一了。把自己的心与天地间的万事万物连接起来、汇通，我们的生命才有可能“日日新，又日新”。有了这样一种“乘物游心”的对待，我们才有可能创造新的文明。

学习传统文化，我们不能死在古人的书本里，也不能死在古人的遗迹中，要“师古人之心”，要知道古人就活在天地造化里，而不是活在文本、文物里。否则，中国文化很难化育出伟大的文明。“师古人之心”就是“师造化”。用心去观，用心去游，切切实实地在心上下功夫就行。从一花一钵中扩大出去，以点带面，把自己的心与天地打成一片，与生活打成一片。如此这般，你手下的一支笔、一点墨就能化显出造化的精神了。

致曲阜游学同行者的一封信

想到曲阜，恩师陈我鸿先生的音容笑貌活灵活现地浮现在眼前，跟随先生为艺的日子如同在昨天发生。先生仙逝都已经二十年了，可是三年中与先生形影不离的日子在脑海里清晰得如同电影胶片录入，竟可如实地再现。人的一生很短暂，能在心中长久不灭的亲情、友情、恩情、真情其实并不太多，陈老师用他生命的真性情恩泽了我这位粗蛮的山里人，开启了我“游于艺”的一生。每想起，心头便充满了先生至诚的精神，而这精神漫化在我的生命里，无有边际，取之不尽。我常会独自咀嚼这种精神，它到底是什么？

现如今我也是五十岁的人了，隐约地明白这精神是“大爱”。这“爱”即便是一滴水，一旦流入你的心田，便会渗化开来，充满你的生命，使你这人从此便有了爱的源泉，用之不尽。老师常会带我去逛三孔，每到子贡守墓处，他那颗心会肃穆起来，眼眶里会饱含泪水，当年的我不解，觉得老师脆弱。现在变了，想起与老师在孔陵的一幕幕我的眼睛也会湿润，自己这颗心已经起了变化，变得柔慈稚嫩了。孔老夫子死后，众多弟子守墓三年，独子贡一人在茅棚里又独守三年，如果我们简单地把这一行为理解为是古鲁的时风或那时的礼，那就大错特错了。前几天陈老师的画展在浙江海宁展出，致辞的师兄继晓和在旁的祥民兄与我都哭了。为什么会哭呢？很简单，实际上就是念起了老师的那份好，感受到老师的爱了。守护在孔子墓前的那些学生是大情大义吗？不是的，相反他既不住在情上也不住在义上，恰恰是每位学子内在的良心发动了，也就是夫子所说的“仁爱”发动了。守墓之为可以视为儒生的一种修行，那是要让仁爱坚固、持满、不失。夫子门下七十二贤人皆是大人君子，每一位都接续了“一以贯之”的天地正气，守护在老师墓前会让自己心中的这盏明灯燃得更亮、更澈。中国人感叹“天不生仲尼，万古如长夜”，如果没有墓前这些学子把夫子这盏明灯接续下来，那么我们今天就再也听闻不到“孔子”这个名字了。

中华民族没有“一神教”，但是我们有自己的宗教，这宗教就是天、地、君、亲、师。天、地要示现大爱，开启你的良知良能；君王要以天下为公，替天行道，倡导王道（王者，旺也）；父母要以德示教，以行言教，让降临到这个世间的每个孩子都保有本具的仁爱；老师要传授天地人生的实相，手把手教会学生“游于艺”的创造能力。天、地、君、亲、师，是中国人载道的法脉，老师传承法脉，言传身教。夫子成为中国人万世师表的典范，不是随随便便可以打倒的。秦始皇“焚书坑儒”没有做到；“五四运动”打倒孔家店没有做到；近代的“批林批孔”也没有做到，将来也不会有人达成这个目的，人类社会没有资格去剥除一位传递大爱的先人。

今天，人们习读《论语》若有所悟，尊孔、祭孔、拜孔，拜的是什么呢？拜的就是孔子之道，拜的就是中国古圣先贤之道嘛。当时那么多的学人、官宦、辅臣、国君向孔子问学、问礼、问孝、问政、问道，也许他们未必就懂得孔子的话。可是，孔子遵循的正是圣人之道啊。“……黄帝、尧、舜，知贤善任，端拱垂裳而治，荡荡乎民无能名……”。你看吧，孔子现在不是已经走向全世界了呢。这是一件多么让人欣慰的事，可以说它是辛亥革命一百年来中华民族良知的发动，中国人站起来了，并且有了自信，这是继毛泽东在开国大典庄严宣告“中国人从此站立起来了”之后的又一次宣告，它告诉世界人民：我们不仅站立起来了，而且有自信面对过去的文明，重新接举中国人的精神。中国人也只有把自己的脊梁挺直了，真实地面对五千年源远流长的文明才有可能真正开启伟大的民族复兴，利益人类社会。

游学是为了让我们身心放松，把心彻底打开，让正气充满；“祭如在”，纪念是为了接力，让圣贤的精神遍布身心。曲阜是孔子的家乡，我们到那块土地是与孔老夫子会面，与他神遇，让老先生持守的仁爱之精神在自己心中苏醒复活，这是目的，也是这次游学的宗旨。

孔夫子生前感叹道已衰矣！是他老人家对周朝文明的追思，那个时代的民心可以“画地为牢”，自己犯错误了在地上画一个圈，守在里面反省自新，不需要牢头看管。“克己复礼”，这个“礼”就是天地序，就是良知，是自觉文明的精神核心，礼乐之邦可以称其为“自觉文明之邦”。孔老夫子心向往之，终生呼求传播此道。孔子的言行在其生前受感召者有三千随众，这位老人是一位以教育为己任的平常人，绝不是什么“素王”，更非什么圣人，这些都是后代子孙对他老人家的尊称。

老人家以《诗》行教，重礼爱乐，是一位“游于艺”的践行者。子曰：“《诗》三百，一言以蔽之，曰：思无邪。”诗是中国人的思维模式，一种非线形的、不受时空相所制约的自由思维，这种思维不依于因明或逻辑推理，中国人也称这种思维为“悟性思维”。什么是悟呢？“心”字旁一个“吾”字，意指认识或辨明参透内心真实之义。中国文字就是诗性思维的产物，是立体的。孔子以《诗》行教是要匡正人心，去邪思，立正念，故有“诗言志”一说。

子谓《韶》：“尽美矣，又尽善也。”谓《武》：“尽美矣，未尽善也。”孔子是一位真、善、美的践行者，一生倡导至真、至善、至美。他生前仁爱不离口，其旨在不断地阐明真、善、美的重要性，而且这真、善、美又不能停留在口头，而是要求通过“游于艺”的践行在生活中发出真、善、美的光辉。这一精神就是他老人家扬举的“吾道一以贯之”的精神。

子在齐闻《韶》，三月不知肉味。曰：“不图为乐之至于斯也。”孔子酷爱音乐，生前对韶乐赞美有加，常被其感染而忘怀，当然他自己也是一位非常优秀的音乐家，子曰：“吾自卫反鲁，然后乐正，《雅》《颂》各得其所。”他生前不仅爱乐、擅乐，而且是一位鉴赏家，《论语》中出现了大量他对音乐艺术品第的论鉴：子曰：“《关雎》乐而不淫，哀而不伤。”孔老夫子还是一位安住日常生活、乐于俗的君子，“‘点，尔何如？’鼓瑟希，铿尔，舍瑟而作，对曰：‘异乎三子者之撰。’子曰：‘何伤乎？亦各言其志也。’曰：‘暮春者，春服既成，冠者五六人，童子六七人，浴乎沂，风乎舞雩，咏而归。’夫子喟然叹曰：‘吾与点也。’”这段话记录了孔子一往情深，道出常情的风范。生活的目的是自觉觉他，自乐乐他，在有限的生命里除了精神无尽地升华之外，孔子还教导我们要成为一位可爱的人，在人间提供人性中最美丽可爱的一面，与人同乐是人生的大境界。

“子路问成人。子曰：‘若臧武仲之知，公绰之不欲，卞庄子之勇，冉求之艺，文之以礼乐，亦可以为成人矣。'”孔子崇尚智慧，崇尚英勇，崇尚多才多艺，同时他也崇尚“公绰之不欲”。

简言之，孔子的一生是践行真、善、美的一生。真，是至诚，至诚就善了，也就美了，它们是一个东西。《论语》是夫子言行的光辉，绝不是教条，更不是我们人生的行动指南，每一个人只要证真，成真了，那么，他生命行迹的在在处处便会发出光，合于道。每一个人都可以成为像孔子一样绽放生命光辉的人，每一个人的生命轨迹都可以写成一部《论语》，绝非圣人所独有，我们要活出自己生命真善美的光辉，那才是人生头等大事。曲阜之行，作为开启自我生命内在光明的一步，我们希望同行者多能受益。

感谢陈我鸿老师把我领进大成殿；感谢悦心汇成员与我同行。

王林海 于香山煦园

2011-5-6

悦心汇曲阜游学孔陵合影

附录

书道十不、十要观

“为而无所为”，这是修习书道必须要具备的心态。如果为书的人从自己生命以外造作出一个人文境界来，那么为书便与我们直心流露的生命实然对立了起来。至此，也就丧失了“苟日新，日日新，又日新”的人性。

“诚”谓之道，心之所兴，一切具足。拿起笔，决出生命精神，这就是书道的全部。

不造作　要自然

不争胜　要平常

不预设　要面对

不骄傲　要承担

不营取　要直接

不自欺　要自明

不固守　要开放

不迷信　要自信

不强迫　要切实

不求全　要圆融

王林海　于香山煦园

2009-11-11

我的老师陈我鸿

陈我鸿，1939 ~ 1992，字金木，又字渐陆，祖籍浙江嵊县，生于浙江奉化。1954 年初于师范毕业后任小学教师，1956 年考入中央美术学院华东分院附中，1963 年毕业于浙江美术学院中国画系山水科。生前得益于潘天寿、吴弗之、诸乐三、顾坤伯、陆俨少、陆维钊、沙孟海等先生的教诲。因先生独钟山水画，故受陆俨少先生影响甚深。师生情如父子，终生感恩不尽。1980 年，先生恢复工作，执教于曲阜师大艺术系（副教授）直至逝世。

陈先生的一生，是悲剧与浪漫交杂的一生。悲剧是因为他有着不平凡的生命经历，三次自杀未成，十五年的流浪生涯，在没有任何经济保障的情况下与一位地主女儿求生于那个动荡的年代。他有四个子女，一家六口靠他一个人担当家庭的生计。

画陶瓷、画遗像、画竹帘、搞设计，极度不稳定的生活，化生出了他生命中无数感人的故事。故事的镜头里有卖血回家，拖着虚弱的身体，用三个小时挪移五百米的路程。这“路程”在我们今天看来，是人生的惨烈，是生命的悲壮。浪漫的是，先生有着与自杀同样真实的爱，这个爱化育在他的书画里。读陈先生的画，我们很难从其画的意境中与这个人的生命处境联系起来。因为那画里的深密与卷涌、浓情与仁慈，完全是浪漫的活形象，用他自己的话说就是“画画是做人做出来的，不是画出来的”。

我跟随先生学艺数年，今天回想当年先生的音容笑貌，心中涌出了这些曾经使我生命得以变化的话语，我让它在内心中自然流淌了三四个小时，如实地记录先生的口气，我想它会对今天的人有点用，因为商业娱乐时代，酿就不了这种苦果，这种赤子般的情怀。十多年过去了，老师的话语依然真切、清晰地活在我的生命里，很是奇怪，甚至都觉得先生的死是一种幻像。实际上，一位自己敬爱的老师，在你的生命中就如同父母一样，一直会伴着你走完人生，他们的呵护与点燃，就像阳光一样，每天普照着你这颗活着的心。

陈我鸿先生的话

画，是心里的天，努力使这片天宽广、清澈、朗润，放出光明，这是我们画画的意义所在。

画是活出来的，不是画出来的。

中国画是写出来的，不是画出来的，画和涂没什么两样。

画是画人品，也就是人格境界，不是画意境，更不是画意趣。

画画很难，难就难在认识自己。

学别人是没有结果的，学画主要是学会看，看别人在做些什么。

画画最怕和别人比，特别是同龄人。有本事你要看出古人在做什么，他们所有的努力去哪里，你自己也去做。

人活着没什么"意思"，从画画里找到一点乐趣，日子才能过下去。

画画的人不要去寻找知音，想找知音是因为他还不自信。

死了，画也就结束了，就这么回事，没有什么！

画画成名算个屁，真有本事你要画出人来，这个人还能留下去。

境界不高的画，看都不要看，它会把眼睛看瞎的。

画画的人要有志气，“死而不亡者”，这才叫有出息。

中国画很简单，去写，写出你的气象、写出你的爱，就可以了。

没有比去谈论别人的成功更无聊的事了，爱画的人不扯这个。

老师很亲的，没有本事为他做点什么不要紧，但画画可要争气。

跟老师学，要跟他学做人，画画是次要的，做人都没学会，画画就谈不上了。

我一辈子很苦，东串西串，连个画画的地方都没有，现在条件好了，人又老了，画画的人可要珍惜时间啊！

把境界把牢了，方向就有了。

做人要傻一点，画画要灵一点，没有一点灵气，这条路不好走。

被人欺负不可怕，可怕的是，画立不起来。

在博物馆看画，要从画中看出人来，问自己服不服，服了，你就好好跟着他学，什么名画不名画，不重要。

有些人一辈子条件好，画画时间多，又会经营，名气大，但是格调低了，这个人还什么都不是。

激情是气血，没有激情，画出来的画是蔫的，没意思。

画，自己都不感动，拿出去干什么？！

我一天到晚喝酒，是觉得太无聊了，这世上真人太少了。

画拿出来卖几个钱，这是好事，但是，你头脑要拎清，能卖的未必是好画。

有几个人跟在我的屁股后面学画，这是我的福报，过日子能这样，我知足了。

做笔做得好和画画画得好，是一回事，都是心血，用画换几支好笔，值!

孔尚任这个人很真，我死了，若能葬在他边上，是我的福分。

主题性创作我一辈子都画不了，所以我没饭吃。

孔子了不起，他的学生子贡能守墓六年，那是老师有德，绝不是什么规矩。

画画的人出去写生，那是游戏，切莫把写生当艺术，天地是一本无字天书，经常出去走走，它会养你的。

画画的人不读书就死了，读书的目的是让自己活泛起来。

我这辈子吃亏的是没遇到高人，这个世道高人太难遇了。

在我流浪乞食的那些年头，浙美的同学，革命的革命、坐牢的坐牢，回过头来看这段日子，我还算幸运，因为我心中的画并没有被扑灭。

杭州我有三个同学，曾宓、童仲焘、朱豹卿，画得都挺好，我给你写的推荐信写好了，就看你自己的缘分和眼格了。

画画的人，要读点诗，做不了诗没关系，关键画中要有诗性，否则，画无活性。

现在学院里学不到什么东西，我画些课图稿留给学校，将来会有用的。

画什么不重要，重要的是形式与内容要合你的心性，不然，画画全拧着了。

幽陶先生是旧社会的读书人，是我的老师，你别看他以牧羊为生，可是人满身都是书卷气，八十岁的老翁，恬淡平和，每天乐呵呵的，难得啊！

山东人喝酒有点意思，喝醉了便显出真了，不敢说的也敢说，不敢做的也敢做，我们浙江人就差这点劲儿。

你每天骑车带着我到处转，我坐在后面老想笑，真有一点东郭先生骑着毛驴的感觉，有点意思。

我们一起喝酒，一起哭，这种日子真好，现在你走了，我一个人独饮，不过心头念起你，我还是会哭。好日子，总是不能长啊！

你回浙江，不要去使才气，聪明的人很多啊！怕就怕把聪明当回事，毁了自己，还是厚道些好。诸乐三先生就是个厚道的人。

潘天寿先生的画，气宇、气量都够，就是敦厚不够，你看他的画就亏这口气。所以，我们南方人要蓄北方的朴厚补自己。

吴弗之先生的画太灵动了，显得有点薄，老先生如果来曲阜住上几年，就好了。

我的老师陆俨少先生画得好，他老人家自觉得宋元气，不亏黄宾老。实际上，黄老先生的画还是比陆先生要深厚得多，学问、品德，都在陆先生之上，我虽是陆先生的学生，还是要说出我的看法。

沙孟海、陆维钊，他们是在写字，画画的人决不能学他们的字。陆维钊先生当年就没教我学他的字，这一点我很感激老先生的坦率。

周昌谷、李震坚、方增先，所谓“新浙派”，这是瞎扯的事。浙派正宗那是黄公望、吴镇和赵孟頫，近些年流行的是海派，那市井气很重的。

上海有个王遽常、绍兴有个徐生翁，写字比杭州的沙孟海、南京的林散之格调可要高。

宁波的王守华有才气，画也画得好，就是命太苦了。

齐白石山水画得好，是有真情实感的，遗憾的就是海派习气未能脱尽，亏黄宾虹一筹。

弘一法师的字，格调很高，但画画的人不能学，那是没有人气的东西。

朱豹卿老同学的画，拔得很高，可以为我师。

李可染的画绝对不能学的，那是在制作画，齐白石传的那点真东西，经他一变法给丢了，真可惜。

关良从黄宾虹老先生那里学到一点笔墨，画没有磅礴起来，是学问没做到家。

钱瘦铁老先生的画，用笔很生辣，可是画总是有点乡气，差一口气。

余任天老先生是个厚道人，画格与人品都不低，潘先生（天寿）那几方常用印都是他刻的，很厚实，大气。

绍剧与京剧有一拼的，徐青藤画中那种狂耿劲在绍剧中能听出来，我们越人不缺这口气，少的是中原的厚实与中正。

一方水土一方人啊，苏州评弹简直就是吴门的刻版，太甜啦。

陆先生（俨少）这一支亏点气，多看看黄宾虹的画，大有好处。

我当年没跟幽陶先生学易，亏了一大口气，现在回过头看看《易经》的系辞，那都是画理。

年轻人懂了一点东西，不要乱吹，中国文化深着呢，通些理没有什么用，要得法，而且还要在自己的艺术实践中做到，那才叫对。

你们年轻人，觉得一时就能做到的事，我们这些过来人会觉得一辈子都未必做得到，不同啊！

王林海 整理于香山煦园

2009-10

我的老师朱豹卿

朱豹卿，1930 ~ 2011，原名保庆，祖籍海宁盐官，生于南京。1950 年求学于中央美术学院华东分院绘画系，1957 ~ 1962 年就读于浙江美术学院国画系人物科，得益于潘天寿、吴昌硕、齐白石，后从黄宾虹悟入，得传统笔墨精神，显心性光华。1962 ~ 1996 年于杭州王星记扇厂设计室工作。

我随师二十余年，师生之情难以言表。如果现在要我对老师的艺术境界做一描述，我只能说自己还不够资格。老师在我的世界里，就像一条蚕虫，每天拼命地吃各种桑叶，然后吐丝做茧，化蛹成蝶，反反复复，一次次地化生。现在都八十岁了，他还说自己在准备，再给我一点时间。我与老人家交往的整个过程，自己总觉得被他牵着手在这个世界逛，每天他有说不完的话，说不完的理，说不完的认知，说不完的见地。有时我觉得他生活在云霞里，有时又觉得他沉浮于深潭间。总之，他牵着我的那双手是那么的厚实与温暖，像慈父一般地疼爱着我这位游子。

今天，把先生的《冥思偶录》放在这里，让有志于中国绘画精神的朋友观读，我想是一件好事。我的一位朋友与老师相识后，说：朱老师就是中国画在这个时代的灯塔，他的画现在不被人理解，没有走红，那是自然的事。如果他的画能叫千万人喜爱，那么，中华民族就苏醒了！朋友这样说，作为学生的我心里觉得很酸楚。实际上，朱老师是一个孤人，身边虽有几个像我这样的年轻人跟在屁股后面逛，但没有人能解悟他老人家那颗高华的心。今年师母去世，我去奔丧，他紧握着我的手说：我算是完了，老天不知还能留给我多少日子，你现在也不年轻了，这根棒子要你们年轻人去拿了。朱老师说的这根“棒子”，就是中国艺术精神的核心——笔墨精神，这一精神是他穷极一生来确定、保任的践行之法。在他的生命世界里，他确认了这根“棒子”凝聚着中华文化的精髓，可以说，他是用自己全部的生命，胶贴在那里，化生呼吸的人。

21 世纪，我们迎来了商业娱乐时代，有些中国人物质富裕起来了，精神能不能富足还是个未知数。如果说上世纪中国艺术精神的灯塔由黄宾虹老先生托举，那么，我作为朱老师的学生，以浅薄的见识在这里推荐老师的画作与言行，也许能帮助大家去寻找新世纪的灯塔。

王林海 于香山煦园

2009-11

朱豹卿先生的《冥思偶录》

年老了有一个好处，到一定阶段自然感到无所求了，就这样了、无所谓了、不在乎了，常是任意恣行很是狂，处世的一切，对自己的关系和影响越来越少，以至于对自己没有什么关系，注意力和兴趣反而由外求转向内心，感觉没了“我”的存在，变得放肆起来。这时才感到自由的愉悦，所以艺术家常常老年始入佳境。这不顽固僵化，更是自然的、活泼的。

人很复杂，因为多欲，使自己陷入困境，所谓两难的境地，困惑、猜疑、彷徨……不知所措。这里的关键就是判断（决断），判断先要以辨识为根据，“识”很难，“判”似乎更难，判断体现在取舍上，无舍就没有取，这就难之又难了。人不是不能做好，常常迷惑在浓雾里，缺少判断。审美判断是根据灵魂，大师们的超人之处就在此，凡人难以企及也。

几何学上所说的一个点是无法确定的，必须要找到另一个点(或者去假设一个点)，才能确定所有点的位置，这个定点就是自己，找不到自己就不能确认自己，一切都会是“空”。

学习的开始是外求，因为自己似乎一无所有，需要向别人学习、向大师学习、向大自然学习、向社会人生学习，绕了一个圈后，又回到了原来的出发点(原点)，原来最重要的不是外求，外在的东西太多了，越多越乱，越乱越眩，更要内求于己，向自己学习就足够了，那才是真正地学。外在的东西学过了就要立即抛弃，越干净越好，以便找回自己。很遗憾很多人都在密林里迷失，永远找不到自己，只能永远做别人的影子，戴着别人的假面具了此枯燥乏味的一生。

绘画是药也是游戏，应对不当则反，不仅无益反受其害，如现在流行的浑浊的时尚!

画之至用在自由，这是它最高的妙用。自由是自人类以来一直在梦想的终极追求，但人活着是不能自由的，他只能生活在种种限制中，无穷的关系、联系，自然的、社会的概念……像无数绳索捆绑着，只能按它的游戏规则活着，谈不上有自由可言，真所谓人生真苦，生老病死四大苦谛，其实人生何止四苦呢。书画之妙用在能营造一个安身立命的精神园地，一个灵魂安息的港湾，一个真正自由的天地。“画”爱这种自由的快感，这种快感虽然短暂、虚幻，却也真实存在，这种自由的境界并不容易达到，但确实可能，始终成为人们心目中的向往。关键是怎样进入自由境界，一旦进入自由境界(自由状态)就实现了大解放、大解脱、大自在的巅峰状态，“忘我”的景象或许是所谓的仙、佛、神的境界。

中国画以笔墨为最重要的中介(手段)，古人云“千古不移”，笔墨是不能抛弃和否定的，它之所以是中国画的本质所在，原因是它在中国画传达、表现情意渠道上的重要性。故笔墨不仅是一套固定的技法，所谓“技法”这东西其实没有，简单地说就是文化，是汉文化中一颗璀璨的明珠。它浓缩并折射了全部的文化信息，像一张DNA的密码库，是一张人生的全息图。以技艺对待笔墨是永远不会学到笔墨的，只能成为一个可怜的匠人和艺人，是理解不了笔墨精髓的。因而说笔墨无法，其实也没有什么法。

两个关键词特别重要，一是关系。所有的东西(不论物质的还是精神的)都是在一个时空中整体存在，不能分割独立，从内到外，所有的一切都相互联系，真所谓动一发而及全身，这种联系即是关系，比实体还重要。处理协调好，关系就是智慧，就是能力。二是转换。所有的东西都是流动的、变化的，一物演化为另一物，其中的转换，形演化为意，意凝化为物，实在是妙不可言。难点就在此处，耗尽多少人的才智和心血，但必须紧抓住这个环节，否则毫无意义。这两点的意思有点相同，但也不同，相同的是它们同在虚处，都属于中介，不是实体，是实体与实体之间的虚处、中介处，抓不住看不见的奥妙处，不容易体会和把握。黄宾老终身追求的理念就是：“画在虚处，不在实处，实处易，虚处难。”实为真言，既古典又现代。可以演发出无穷的妙境，但应与“知白守黑”对应理解，虚实也不宜偏废，方可得之。凡皆实或皆虚都不能成画也。人的思维方式常易陷入单一直线连续的轨迹思考问题，常以孤立静止的态度而少用辩证对立统一的方法，这是人们不易进入高级而易陷入平庸的原因。佛学之中“因缘聚合”，始成正果。书画是小道，个中有大道。

“原作”的重要性，有正反面的启示意义，在于保留记忆，没有就只留下了一片空白，什么也没有了。

不修之修乃为真修，沉浸在一种氛围和状态中，是遍一切时一切处的，又是不即不离、不紧不松的虚灵状态，即持着又不持着的一种轻松流动活泼的状态，效果必然最佳，书画修为更应如此。

事物是互通的、是混成的，并无割裂、孤立之理，都是众因缘之大聚合，书画何不是如此，笔墨也是有自己生命的活物，不能控死不能机械，应重点发掘它的活性，故联系到以下几点：一、转指转腕之争是错的。二、指实笔牢之说是不全面的。三、笔力之说原不在实处而在虚处，先须明白什么是力。四、笔墨在传统的流传中是有标准、有要求的，但唯一的总要求只有一个就是要有生命感，有就美，没有就丑。

国画是“写意”的，一个“写”字说明了全部问题，与西画彻底分途，这就是不移的民族性。国画不能“制作”，“制作”就是死亡，了无“生气”，成了死物。

中西文化应该交流，这是进步，但必须独立。交流不是繁殖混血儿，绘画是文化的产物，不是生理的产物，“杂交”拼凑或是“嫁接”是庸俗化、简单化，是低能。

绘画艺术是人类的理性活动，但以纯感性的方式展示。现在流行张扬“自我”，“跟着感觉走”，“原始美”，“野性”……总有点似是而非的感觉。艺术最后必须上升到哲学和宗教情愫才有某些深度，但又不是“故意”的。

画画看来不是什么画的问题，他只是给你一个方便。为的是“宣泄”、“倾注”，只不过是一个渠道，一个喷射口而已，至于你要流出什么，那属于你自己的事，当然也要承担良知的责任。画画不应该有一丝“讨好”（媚俗）和“求全”（求完美）的心态，只问有没有进入“状态”（巅峰状态），整个身心都为之颤动了，尽兴了，一切也就结束了，是什么样就什么样吧，不要再去触动。

“灵与肉”，“神与形”，“笔与意”其实本应该是一回事，但总被打成两截，统一不起来。是一个大困惑，是千古之谜。

关键词是“转换”。凡是艺术大师都是神灵、佛仙，故都能有“点石成金”、“叱石为羊”、“化腐朽为神奇”的神功。

画画的人不要“死”在形下，不要“役”于形，这太累，简直是在“自虐”；但难在又不能“抛弃”形，没了形就没了着落处。故青藤说要“夺舍投胎”；宗炳说要“以形媚道”，这是民族的大智慧。道是什么，是一，一是什么，一就是 x 就是 y，也就是每个人心底的那个最深层的不可言说的那个生命体验。（或名之曰：感悟，了悟。毕加索名之：“发现”。）使你日夜不得安宁的那一点“东西”。“形”就是为他服务的，形从此就成为可驾驭的、可捏塑的资粮（材料），不再是至高无上、被膜拜的圣物。总之，“形”与“意”必须发生“转换”，才称得上是艺术创造，作家才具有了神性，“凡人要具有神的品质”。这是一个什么主题？太不可思议了。

艺术品常以“无题”为最佳，因为“美”是不可名状的。

朱豹卿 于杭州五云

2005 年 10 月

后记

学习中国文化，说实在话，就是学习人文传统。那么“传统”，传什么？统什么呢？传的是古圣贤的用心之道，统的是“止于至善”。曾子说“大学之道在明明德，在亲民，在止于至善”，一句话把人文传统的对待观说清楚了，中国文化行的就是这个“道”，没什么可讨论的。

辛亥革命一百年了！整整一个世纪，中国人凭借着自己的智慧与勇敢踏上了一条“古为今用，洋为中用”的文化践行之路。这一努力是要重新建立起适应于我们在这个时位的生命信念，利益自己，利益人类社会。中南海的正门悬挂着“新华门”三个字，其旨趣可以说笼括了我们这一百年的努力方向，同时也阐明了中华民族在这一刻“其命维新”的人文精神。文化的功用在于化育人的精神，文是手段，化是功用，手段与功用要看它的去处，那就是人文精神。精神就是方向，古称“志向”。谈文化，我们要看清自己的脚下，认清自己的去处，我们现在活成这样，首先要自肯，其次要承担，否则，脚步就会错乱、发虚。文化有路吗？有。它就在自己的脚下。它的方向在哪里？不在人文安立的东、西、南、北、中，而在人心里。“止于至善”作为中国文化努力的方向，清晰地点出了这一点。

千万年的中国文化大河未曾一刻停止过它的澎湃，《一管笔》这本小册子从夸父谈起直到明清家居的对待观，可谓一幅壮丽的画卷。说了这么一些话，用了这么一些图，目的是想让有志于了解中国人文精神的人与我一同感应这图卷背后的龙吟声，共同在活着的当下使自己本具的龙气苏醒，为人类的今天补益、增善。我们要复兴传统的先进文化并在此基础上吸收外来的先进文化，这是有主次的，这个问题关系到民族文化立于世界之林生死刚正的问题，这个问题是值得我们深思辨明的。

中国人创造了千万年的文明，这是中国文化结的果，现在我们要重建自己的文化信念，结出新的果，那么了解昨天的自己，去想一想，去问一问，这是很有必要的。古圣贤就是昨天的我们，他们想些什么？做些什么？我们自己心中要有数，否则，从何谈“古为今用”呢？！往回想，往回看，没什么了不起的功用，只是看清自己脚下，把当下的该下的功夫做切实了而已。到世界各地去看看别的民族创造的文明，了解他们的文化用心，有了这见识我们便可以用它来观照自己当下下功夫的地方是否保有人类共同扬举的善。古人要求我们“思接千载，目极八方”就是为这个。

我的老师在病危临终前，嘱咐我要“不复古人一笔，不复自己一笔”。这是他老人家希望我这位后生时时保有常新的生命状态，还要求我要对中国人文精神起绝对的“信”，并告诫我：“如果做不到这，你永远是一无根之木，在中西文化交媾的时下，你会成为驴马所生的骡子，不会有再生力啦！”

《一管笔》作为书名，我想用它来纪念我的老师们，同时也想借以用它来记写我深受中国人文传统恩泽的感激之情！

王林海　于北京老实书房

2011-11-15

图书在版编目（CIP）数据

一管笔 ：活出中国人的精神 / 王林海著 . - 北
京 ：同心出版社，2012.6
ISBN 978-7-5477-0535-3

Ⅰ . ①一… Ⅱ . ①王… Ⅲ . ①文化史 - 中国
Ⅳ . ① K203

中国版本图书馆 CIP 数据核字 (2012) 第 143536 号

一管笔——活出中国人的精神

出版发行：同心出版社
地　　址：北京市东城区东单三条 8-16 号东方广场东配楼四层
邮　　编：100005
电　　话：发行部：(010) 65259206-8022
　　　　　总编室：(010) 65252135-8043
网　　址：www.bjd.com.cn/10txcbs/
印　　刷：北京隆晖彩色印刷有限公司
经　　销：各地新华书店
版　　次：2012 年 8 月第 1 版
　　　　　2012 年 8 月第 1 次印刷
开　　本：787 毫米 ×1092 毫米　　1/16
印　　张：17.25
字　　数：100 千字
定　　价：68.00 元